लेटर बॉक्स से मेल बॉक्स

चयनित विषयों पर लिखे गए पत्रों का संग्रह

चिरंतन देबदास

LETTER BOX SE MAIL BOX

लेटर बॉक्स से मेल बॉक्स

पस्तबना और परिचय

यह पत्र संग्रह एक ऐसे गुलदस्ते के समान है जिसमें विभिन्न रंगों, सुगंधों और सौंदर्य से भरे अनेक तरह के फूल सजे हुए हैं। भिन्न भिन्न समयों पर अपनी पुत्री को लिखे गए पत्रों और अन्य रूपों में अभिव्यक्त विचार पत्रकार की उदात्त भावनाओं और देश, दुनिया तथा मानवता के संबंध में उनकी चिंताधारा को प्रकट करते हैं। इन पत्रों में हम पुराने दिनों का झलक और उससे जुड़ी हुई यादों में बहुत सी ऐसी बातों का चित्रण पाते है जो कि आजकल के मोबाइल – कम्प्युटर युग में शायद ही देखने मिलता है पर उसकी अहमियत और जरूरत संसार में बहुत ही महत्व रखती है।

यह पुस्तक अपनी अनोखी शैली, संवेदना और भाषा की दृष्टि से भी पाठकों का ध्यान आकर्षित करती है। विज्ञान और प्रौद्योगिकी के क्षेत्र में एक अभियंता के रूप में कार्यरत श्री चिरंतन देबदास जी ने अपनी साहित्यिक रुचि का प्रस्फुटन तो किया ही है, अपनी रचना धर्मिता को भी उजागर किया है। सभी साहित्य प्रेमियों के लिए एक सुंदर पठनीय पत्र संग्रह।

लेखक को इस सुंदर रचना के लिए बहुत बहुत बधाई।

अम्बालिका नाग

पूर्व हिन्दी अधिकारी

सी.एस.आई.आर - भारतीय रासायनिक जीवबिज्ञान संस्थान

(CSIR – Indian Institute of Chemical Biology)

3 मार्च 2026, कोलकाता

लेटर बॉक्स से मेल बॉक्स

पत्रों की सूची

कुछ शब्दों में पृष्ठभूमि

यह मल्टीमीडिया संचार प्रणालियों का युग है और हममें से अधिकांश को अपने "व्यक्ति से व्यक्ति" और "व्यक्ति से समुदाय" संचार को पूरा करने के लिए WhatsApp, Instagram, Facebook आदि जैसे विभिन्न एप्लिकेशन पैकेजों (Application Packages) का उपयोग करते है। हाल के वर्षों में संचार प्रणालियों के बारे में हमारी कई पुरानी अवधारणाएँ काफी बदल गई हैं, अब हम Postal Address का उल्लेख नहीं करते हैं, बल्कि हम अपने डिजिटल संपर्क विवरण जैसे WhatsApp नंबर, Email Id, LinkedIN Profile आदि को पर्याप्त महत्व देते हैं । दो दशकों से व्यक्तिगत संचार के लिए मेरे पास दो e-mail Account हैं, यह सच है कि मेरी कामकाजी e-mail Id कुछ आधिकारिक कारणों से कम से कम तीन बार बदली हैं । बहुत लंबे वर्षों तक प्राप्त ई-मेल की जाँच करना और विभिन्न ई-मेल का उत्तर भेजना मेरी सामान्य या नियमित गतिविधियों का हिस्सा बन गया। हम सभी जानते हैं कि समय के साथ पत्र लिखने और भेजने का चलन e-mail के आदान-प्रदान या कम से कम Mail Box / In Box की जाँच के में बदल गया है। बचपन से ही मुझे विभिन्न अवसरों पर अपनी भावनाओं को व्यक्त करने के लिए पत्र लिखने और कुछ हस्तनिर्मित ग्रीटिंग कार्ड बनाने की आदत था ।

आर.आई.टी (RIT) जमशेदपुर (वर्तमान में एन.आई.टी -NIT, जमशेदपुर) के कॉलेज हॉस्टल में रहने की अवधि के दौरान, मुझे विशेष रूप से पत्र प्राप्त करने के साथ-साथ लिखने के महत्व का एहसास हुआ। पीले रंग के **पोस्ट कार्ड** (Post Card) के दोनों तरफ पत्र लिखना बहुत आम बात थी क्योंकि उन दिनों हमारे लिए संचार का सबसे किफायती साधन यही था। आवश्यकता के

आधार पर हमारे पास **अंतर्देशीय पत्र कार्ड** - Inland Letter Card (विशेष मुड़ा हुआ नीले रंग का कागज जिस पर डाक टिकट मुद्रित होता है)" पर लिखने और **लिफाफा** /Envelope" जो आकार में पोस्ट कार्ड के समान था का उपयोग करने का विकल्प था। उन दिनों मैंने अपने माता-पिता, परिवार के सदस्यों और अन्य लोगों को जो पत्र लिखे उनमें से अधिकांश बंगला में थे। चूँकि हम रीजनल इंजीनियरिंग कॉलेज के छात्र थे, हम देश के विभिन्न हिस्सों से वहाँ पहुँचे थे और मुझे याद है कि मैंने अपने दोस्तों को अपनी-अपनी भाषाओं में अलग-अलग पत्र लिखते देखा था, शायद मेरी तरह वे भी अपनी बात कहने में सहज थे। यहां यह उल्लेख करना महत्वपूर्ण है कि हमारे मूल स्थान और मातृभाषाओं के अलग अलग होने का बावजूद भी मौखिक संचार के लिए **हिंदी** हमारे बीच **सामान्य भाषा** बन गिया था। यहां यह उल्लेख करना आवश्यक है कि उस काल में कॉलेज परिसर में हमारे मौखिक संचार के लिए अंग्रेजी का अधिक उपयोग नहीं किया जाता था। जब हम सभी ने अपने इंजीनियरिंग पाठ्यक्रम पूरे कर लिए तो हम अपने प्यारे कॉलेज परिसर से देश के विभिन्न हिस्सों में बिखर गए, हममें से कुछ ने पत्रों और विभिन्न ग्रीटिंग कार्डों (Greetings Cards) का आदान-प्रदान करके अपनी दोस्ती की निकटता बनाए रखी। उस समय हमारी पेशेवर भागीदारी और कुछ नए परिवेशों में विभिन्न भावनाओं के बारे में विचारों के आदान-प्रदान के लिए पत्र लिखने के लिए अंग्रेजी या इंग्लिश हमारी आम भाषा बन गई थी। पत्रों के माध्यम से इस प्रकार का संचार लगभग तीन-चार वर्षों तक जारी रहा, फिर विभिन्न कारणों से बंद हो गया। शायद पिछली सदी के नब्बे के दशक में, हमने संचार के विभिन्न आधुनिक माध्यमों में प्रवेश करना शुरू किया, उसके बाद हम या आमतौर पर RIT जमशेदपुर के छात्र फेसबुक (Facebook) के माध्यम से एक-दूसरे के

करीब आए। वर्तमान में हम डिजिटल रूप से संपर्क में हैं, यहां तक कि हममें से कुछ लोग दूसरे देशों में भी बसे हुए हैं।

चूँकि मुझे विभिन्न विषयों पर पत्र और लेख लिखने की पुरानी आदत है, वर्तमान में मैं लैपटॉप कंप्यूटर या मोबाइल फोन का उपयोग कर रहा हूँ, कलम और कागज की आवश्यकता काफी कम हो गई है। आज से पाँच साल से भी पहले मैंने अपनी बेटी को अंग्रेज़ी में अलग-अलग पत्र लिखे थे जब वह उच्च अध्ययन के लिए घर से दूर थी। कुछ अवसरों पर मैंने उन्हें हिन्दी में कुछ पत्र लिखे। वर्ष 2022 में कुल पचास पत्रों वाली दो पुस्तकें प्रकाशित हुईं, जो सभी अंग्रेजी में लिखी गई थीं। व्यावसायिक पहलुओं की Iignorance मेरे लिए एक महत्वपूर्ण विचार थी क्योंकि मेरा उद्देश्य केवल उन लोगों की यादों को ताज़ा करना था जिन्होंने विभिन्न अवसरों पर कई पत्र लिखे थे और जिनके पास पत्र, Greetings Card भेजने और प्राप्त करने की कुछ विशेष भावनाएँ थीं।

हिंदी में पाठ दस्तावेज़ (कुछ लेख और पत्र) तैयार करने के समय मुझे मेरी एक सहकर्मी श्रीमती अंबालिका नाग से हर तरह की सहायता मिली, जो उस समय CSIR-IICB Kolkata, की हिंदी अधिकारी थीं। अपने विभिन्न पत्रों में मैंने उसे उन विभिन्न स्थितियों का वर्णन करने का प्रयास किया जहां मैंने या हमने अनुभव किया था, मैंने अपनी बेटी को हमारे देश से संबंधित विभिन्न विषयों और विभिन्न औपचारिक समारोहों पर अपने विचार दिए थे। उस दौरान मेरे मन में संग्रहित कर हिंदी पत्रों का एक छोटी सी पुस्तक के रूप देने का कुछ विचार आए थे, यहां तक कि मुझे इस बात की भी समझ थी कि बदले हुए परिवेश में लगभग सभी प्रकार के पत्र अपना महत्त्व या अस्तित्व खो चुके हैं। लगभग पांच महीने पहले जब मैं घर पर अपने कंप्यूटर में कुछ पुराने दस्तावेज़ खोज रहा था तो मैं Hindi Text Documents की एक Folder की ओर आकर्षित हुआ

और उस फ़ोल्डर में विभिन्न दस्तावेजों पढ़ने के बाद मैंने हिंदी में कुछ चुनिंदा पत्रों के साथ एक छोटी पुस्तक के प्रकाशन के लिए आगे बढ़ने के बारे में सोचा, जैसा कि मैंने पहले उल्लिखित अपनी दो पुस्तकों के लिए किया था। लंबे समय तक चूंकि मैं हिंदी में दस्तावेज़ीकरण (Documentation) कार्यों के संपर्क में नहीं था, इसलिए मैंने अपने द्वारा तैयार किए गए हिंदी पाठ दस्तावेज़ों की बेहतर प्रस्तुति के लिए अपने एक पुराने सहयोगी, श्री नंद शॉ (आमतौर पर नंदू के नाम से जाना जाता है) से संपर्क किया। अब यह मेरे ऊपर है कि मैं इस तरह की किताबों के पाठकों के बारे में ज्यादा उम्मीद किए बिना आगे बढ़ूं। मैं पत्र लिखने की पुरानी परंपरा को कायम रखना चाहता हूं, आशा करता हूं कि कुछ लोगों को अपने विचारों और विचारों को व्यक्त करने के लिए पत्र लिखने की अवधारणा पसंद आएगी, तब भी जब यह प्रथा लगभग बंद हो जाएगी।

चिरंतन देबदास

कोलकाता – 700047

23 जनवरी 2026 (श्री पंचमी)

हिंदी में पत्र लेखन

जय माँ

कोलकाता

23 April 2019

प्यारी पुत्री दुर्गा,

आशा है कि तुम्हारे वहां सब कुछ ठीक है, और टेलीफोन पर जैसा बातचित हुआ, मैं समझ गया की कोलकाता से लुधियाना तक की तुम्हारे कुल यात्रा काफी आरामदायक रही। इस बार नई दिल्ली रेलवे स्टेशन पर अपने छोटे से ब्रेक के दौरान तुम्हें अपने बड़े चचेरे भाई "ज्योति दा" के साथ मिलने का मौका मिला था।

इस बार का पत्र हिंदी में लिख रहा हूँ, तुम जरूर आश्चर्य चकित हो जाओगी, हाँ, यह तुम्हारे नाम पर मेरा पहला हिंदी पत्र है। जैसा कि तुमने केन्द्रीय विद्यालय में अध्ययन की हो और कुछ अवसरों पर तुम खुद ही बंगला में तेजी से पढ़ने या लिखने में अपनी सीमाएँ व्यक्त की थीं, इसी कारण से मैं हिन्दी में पत्र लिखने का प्रयास कर रहा हूँ।

आज सोमवार है, एक सप्ताह के विराम और साथ में तुम्हारे छुट्टी के बाद ये है पहला कार्य दिवस, स्वाभाविक रूप से घर और अपने कार्यस्थल दोनों स्थान पर तुम्हारा काम कुछ ज्यादा ही रहेगा पर मुझे विश्वास है कि तुम अपने तरीके से सब कुछ की प्रबंध करने में सक्षम हो।

मुझे नहीं लगता कि इस बार मैंने अपना विभिन्न व्यक्तिगत गतिविधियों या कार्यक्रम के बारे तुम्हें कुछ भी उल्लेख किया हूँ, विशेष रूप से मेरा अपना विभिन्न विषयों पर लेख (Article) लिखने के बारे में। लगभग एक महीने पहले कार्यालय की स्टाफ क्लब (IICB Club) की स्मारिका (Magazine) में

प्रकाशन के लिए अंग्रेजी में लिखा गया मेरा एक लेख मैंने प्रस्तुत किया है जिसका का शीर्षक है "**अरुणाचल प्रदेश द पीस प्वाइंट**" (Arunachal Pradesh the Peace Point) जो की हमारे साल 2017 की मई-जून महिना में अरुणाचल प्रदेश के विभिन्न स्थानों में व्यक्तिगत यात्रा कार्यक्रम पर आधारित है।

तुम्हे पता हैं, पिछले कुछ वर्षों से मैंने बंगला और अंग्रेजी के अलावा हिंदी में भी **लेख** (Article) लिख रहा हूं विशेष रूप से हमारे संस्थान (CSIR-IICB) की **हिंदी पत्रिका - संजीवनी** के वार्षिक अंक के लिए। लगभग तीन सप्ताह पहले हमारे संस्थान की हिंदी अधिकारी, श्रीमती अम्बालिका नाग ने इस पत्रिका के लिए फिर एक बार कुछ **लेख** देने के लिए अनुरोध किया। हाँ, मैंने उसे तुरंत मेरा सहमति दे दिया थे, लेकिन उस क्षण मेरे दिमाग में बहुत ख़ास विषय नहीं था, बाद में कुछ दिन मैंने विभिन्न विषयों के बारे में सोचना जारी रखे थे। अंत मै "हमारे सामान्य संचार के बदलते तरीके (Changes in means of our communication)" इस विषय पर एक लेख लिखने का फैसला किया था। इस बार मैंने इस विषय पर लेख को कुछ अलग रूप में लिखने की योजना बनाई है। करीब एक सप्ताह पहले मैंने अपने नए लेख जिस का शीर्षक है, **"लेटर-बॉक्स" से "मेल-बॉक्स"** कार्यालय की हिंदी विभाग या राजभाषा विभाग को प्रस्तुत किया है। यहाँ मैंने **व्यक्तिगत पत्र** लिखने की अवधारणा को अपनाया है, मुझे लगा इस प्रकार के लेख के लिए किसी भी निश्चित गाइड लाइनों का पालन करना बहुत जरूरी नहीं होता है, कुछ भी कहने या लिखने के लिए अपने तरीके से वर्णित किया जा सकता है। यह तुम्हारे जानकारी के लिए है कि मेरा हिंदी में लेख, **लेटर बॉक्स से मेल बॉक्स संजीवनी** (राजभाषा पत्रिका) के 2019 में

वार्षिक अंक में प्रकाशित हुआ था और मुझे इस लेख के लिए **प्रथम पुरस्कार** मिला था, जो सितंबर 2019 में **हिंदी सप्ताह** के वार्षिक समारोह में प्रदान किया गया था। इसकी स्कैन (Scan copy) यहां दी गई है।

यह तुम्हें मालूम है, मैं जब जमशेदपुर में इंजीनियरिंग कॉलेज (RIT, Jamshedpur) के हॉस्टल में रहता था तब विभिन्न छात्रों के साथ सामान्य बातचीत या संचार द्वारा मैंने हिंदी सीखा, मुझे अच्छा से पता है कि हिंदी में **लेख लिखने** के समय उपयुक्त शब्दों के चयन में मेरा कुछ सीमाएँ जरूर हैं। हाल ही में विभिन्न **बहुभाषी कंप्यूटर सॉफ्टवेयर पैकेजों** (Multi-lingual Software Package) की उपलब्धता के कारण यह मेरे लिए बहुत आसान हो गया है। मुझे पेपर पर हिन्दी में कुछ लिखने की अपेक्षा **कंप्यूटर कीबोर्ड** का उपयोग करके हिंदी में कोई भी टेक्स्ट मैटर (Text matter) लिखना बहुत ही आसान लगता है। यह सच है की जब भी मैंने हिंदी में कोई लेख तैयार किया है, मैंने हमारे संस्थान की हिंदी अधिकारी, (श्रीमती अम्बालिका नाग) से सलाह लेता हूँ। इस बार जब मैंने अपना लेख, **"लेटर-बॉक्स" से "मेल-बॉक्स"** की ड्राफ्ट या मुद्रित प्रतिलिपि (Draft Printed copy) सौंपी तो उन्होंने मुझे अपने चयनित विषय पर प्रस्तुतिकरण में बेहतरीन तरीका के लिए सुझाव या सलाह दी। यहाँ उन्होंने लेख तैयार करने के नए तरीके (व्यक्तिगत पत्र के रूप में) को अपनाने के लिए

मेरी सराहना की। उनके साथ चर्चा के दौरान मैंने अपने बचपन के दिनों का उल्लेख किए थे और उन्हे बताया था की कैसे मैंने पत्र लिखने की आदत को विकसित किया है। जब मैंने हिंदी में मेरा आखिरी लेख हिंदी पत्रिका - **संजीवनी** के लिए तैयार कर रहा था तब मुझे व्यक्तिगत पत्रों के रूप में ऐसा लेख (Articles) तैयार करने के लिए मुझे विशेष प्रोत्साहन महसूस हुआ। हमारे हिंदी अधिकारी ने अपने पाठ विषयों की जांच / संशोधित या सुधार के लिए आवश्यक सहायता प्रदान करने का आश्वासन दिया जो मेरे लिए यह काफी महत्वपूर्ण रहे। आशा है कि मैं निकट भविष्य मैंने कुछ एक **हिंदी में लघु पुस्तक** के आकार देने के लिए और हिंदी में अधिक लेख लिखने में सक्षम हो जाऊंगा।

जैसा कि तुम जानती हो कि मैंने पहले विभिन्न परिवार संबंधी और कुछ अन्य घटनाओं का वर्णन करने के लिए तुम्हें अंग्रेजी में कई पत्र लेखा हूँ। अब मैंने हिंदी भाषा में पत्र या लेख लिखने की उसी अवधारणा को रखने की योजना बनाई है, लेकिन अभी व्यक्तिगत पत्रों के पैटर्न में लिखने के लिए केवल व्यक्तिगत या पारिवारिक घटनाओं तक मुझे सीमित रखना सही नहीं होगा, मुझे लिखने के लिए कुछ उपयुक्त विषयों का विचार और चयन करना होगा। आशा है की कुछ अलग-अलग विषयों पर लेख लिखने पर वह न केबल तुम्हारे लिए पर दूसरों के लिए भी यह काफी आकर्षक होगा। हर एक पत्र तुम्हें संबोधित करते हुए शुरू करना होगा, वह मेरे लिए आसान भी होगा। यह पत्र काफी लंबा हो गया है, यहां पत्र लिखना बंद कर रहा हूं।

सभी को शुभकामनाएँ और आशीर्वाद के साथ तुम्हारे - बाबा (पापा)

पत्राचार में परिवर्तन

जय माँ

6 मई 2019 (सोमबार)

कोलकाता

प्यारी पुत्री दुर्गा,

यह लगभग एक वर्ष होने जा रहा है, जो की तुम पंजाब के लुधियाना में हो और तुम्हारे अपने शब्दों से मैं समझ गया कि तुम वहाँ कि बस गयी हो और तुमने खुद को वहाँ की सरकारी संगठन में नए काम के माहौल में पूरी तरह से शामिल कर लिया हो जैसा कि तुमने पहले पुणे और बाद में जयपुर में निजी कंपनियों में काम करते वक्त किया था।

पिछले साल (2018) अगस्त में, मैं जादवपुर विश्वविद्यालय डाकघर से छह-सात अलग-अलग पुस्तकों वाले एक पैकेट **स्पीड पोस्ट** (Speed Post) के माध्यम से तुम्हारे पास भेजने के लिए मैं एक कतार में यह वहाँ खड़ा था रहे, उसी दौरान, मैं डाक विभाग और संचार विभाग द्वारा आयोजित **राष्ट्रीय स्तर के पत्र लेखन प्रतियोगिता** शीर्षक के साथ एक **पोस्टर** की ओर आकर्षित हुआ, जो डाकघर के अंदर एक स्थान पर लगा था। बस उस विशेष **पोस्टर** को देखकर, मेरे दिमाग में बहुत सी बातें आईं, मुझे अपने बचपन या लड़कपन के दिनों की बात याद आ गई जब पत्र लिखना मेरे लिए नियमित गतिविधियों में से एक था। यहाँ मैंने इस प्रकार की प्रतियोगिता को आयोजित करने की कारण समझने की कोशिश की, जैसा की, *"क्या यह वर्तमान समय में पत्र लिखने की वास्तविकता है"? "क्या लोग पत्र लिखने से बचते हैं?* मैंने सोचा कि यह आम लोगों द्वारा पत्र लिखने की पुरानी परंपराओं को बनाए रखने के लिए हो सकता है डाक विभाग

यह प्रक्रिया अपनाया हो। सही मायने में अगर ऐसा है, तो हमें इसकी सराहना करनी चाहिए।

अपने स्कूल के दिनों से ही मुझे अलग-अलग अवसरों पर पत्र लिखने या ग्रीटिंग कार्ड भेजने की आदत थी। इस आदत को विकसित करने के लिए मैं हमेशा अपने माता-पिता और हमारे परिवार के अन्य बड़े सदस्यों के प्रति बहुत आभारी हूं। मेरे स्कूल के दिनों में **दुर्गा पूजा** और विशेष रूप से **दुर्गा पूजा विजया दशमी** के अवसर पर हर साल हमने बंगला में चार-पाँच पंक्तियों के साथ कई पत्र लिखे, वे पत्र आम तौर पर पीले रंग के **पोस्ट कार्ड** (Post Card) के एक तरफ होते थे और दूसरी तरफ कुछ छोटे रेखाचित्र (अधिकतर **देवी दुर्गा / दुर्गा माँ** का चेहरा) अंकित करते थे। उन दिनों इस तरह ही मैंने / हमने अपने रिश्तेदारों और अन्य लोगों के लिए कई **ग्रीटिंग काड्र्स** (Greetings Cards) बनाते थे I हमें पत्र लिखना और **सेल्फ मेड ग्रीटिंग्स काड्र्स** (Self-made Greetings Cards) बनाने का कुछ विशेष उत्साह था। जब तुम दिल्ली में केन्द्रीय विद्यालय (एंड्रूस गंज) में पढ़ रही थी तब तुमने भी कई हस्तनिर्मित "**ग्रीटिंग काड्र्स**" तैयार की थी। मुझे लगता है कि तुम अपने स्कूल के दिनों को याद कर सकती हो, जब हम लोग नई दिल्ली के महारानी बाग में बहु-मंजिल आवास CSIR – Scientists Apartments, Maharani Bagh) में रहते थे, तब हर दिन निचली मंजिल (ग्राउंड फ़्लोर) पर रखे गए हमारे **लेटर बॉक्स** से कई पत्र एकत्र करती थी। तुम्हें मालूम है कि मैंने लंबे समय से विभिन्न व्यक्तियों को पत्र लिखने की आदत (कुछ समय बहुत ही लंबे पत्र) बरकरार रखें हैं। शायद तुमने हमारी कोलकाता की वर्तमान आवास में बहुत सारे ग्रीटिंग कार्ड और इसी तरह के विभिन्न **पत्रों का एक विशाल संग्रह** देखी होगी।

मेरा मानना है कि, यदि तुम्हें कुछ **हैंड-मेड ग्रीटिंग कार्ड** दिखाये जाय जो कि तुमने तब बनाया थे जब तुम पाँच साल की भी नहीं थी तुम आश्चर्यचकित हो जाओगी। हालांकि मुझे यकीन नहीं है, लेकिन मुझे लगता है कि मेरे पास लगभग 2000 अलग-अलग पत्र (ग्रीटिंग्स कार्ड सहित) संग्रह है, यो कि अलग-अलग अवसरों पर हमें प्राप्त हुआ था। हाँ, मेरे निजी संग्रह में कुछ पत्र है जो की तीस वर्ष से अधिक पुराने हैं। मैंने सभी पत्रों को अपने तरीके से रखा हूँ। मुझे बचपन से ही पत्र लिखने के साथ-साथ ग्रीटिंग्स काड्र्स बनाने का कुछ आदत था ओर बाद में उन सभी पत्र और काड्र्स अपने स्थानीय डाकघर के विशेष **लेटर बॉक्स** में डालना, मेरे और हामारे लिए काफी महत्वपूर्ण होता था। उन दिनों के दौरान हमें अपने स्वयं का नाम के साथ लेटर या **ग्रीटिंग कार्ड** प्राप्त करने में बहुत अधिक उत्साह था। कुछ अवसरों पर, हम इस तरह के पत्रों को पाने के लिए उत्सुकता के साथ कुछ दिनों तक प्रतीक्षा करते थे; यहां तक कि हमने अपने इलाके के विशेष डाकिया (Postman) से कुछ प्रश्न या पूछताछ करते थे। **दुर्गा पूजा दशमी** की तरह हर साल हमें अन्य सामाजिक कार्यों / उत्सव, जैसे **बांगला नवबर्ष, बड़ा-दिन, अंग्रेजी नववर्ष** आदि के दौरान पत्र या शुभकामना कार्ड भेजने और प्राप्त करने की समान भावना होता था, वे सभी दिन अभी भी बहुत यादगार हैं, मुझे पता है कि हमें वे सुनहरे दिन वापस नहीं मिलेंगे।

मैं पिछली शताब्दी के अस्सी के दशक में जमशेदपुर में इंजीनियरिंग कॉलेज (RIT) के छात्रावास में रहने के दौरान मुझे विशेष रूप से संचार की निरंतरता के लिए पत्र लिखना, भेजना या प्राप्त करना आदि बहुत महत्वपूर्ण एहसास हुआ था। मैंने अपने पिता (तुम्हरा दादा / दादू) को देखा है कि उन्हेने हर दिन सुबह बहुत सारे पत्र या लेख (Articles) लिखा करते थे। उन्होंने

हमारे विभिन्न रिश्तेदारों और अन्य लोगों के साथ नियमित पत्र के मधाम से संयोग बनाए राखते थे।

व्यक्तिगत पसंद कुछ भी हो सकती है पर किसी भी आदत या अभ्यास को अपनाने के लिए निश्चित प्रेरणा स्पष्ट रूप से महत्वपूर्ण है। हां, मेरे लिए पत्र लिखने की इस आदत को अपनाने के लिए, हमारे परिवार के सदस्यों के अलवा स्वामी-विवेकानंद, नेताजी सुभाष चन्द्र बोस और पंडित जवाहरलाल नेहरू जैसा व्यक्तित्व काफी महत्वपूर्ण रहे, औरे उन लोगो की कुछ पुराने पत्र / पत्रों मेरे लिए प्रेरणा के एक और स्रोत जैसा साबित हुआ था और सही बोला जाय तो अभी भी वह एक जैसा ही है।

जब मैं जमशेदपुर में इंजीनियरिंग कॉलेज का छात्रावास में रहता था तब पंडित जहाँवरलाल नेहरू द्वारा लिखे कुछ पत्रों से मैं बहुत प्रभावित हुआ था। पिता के रूप में उनकी बेटी **इंदिरा** प्रियदर्शनी (बाद में **श्रीमती इंदिरा गांधी**) के लिए लिखें कई पत्र जो Letters from Father to his Daughter शीर्षक साथ किताब मुझे मिली थी, यह किताब मुझे पसंद आयी थी। उस अवधि के दौरान **पिता के पत्र पुत्री के नाम** शीर्षक के साथ पुस्तक की कुछ भाग हिंदी में भी पढ़ा। इस अवसर पर मैंने तुम्हें पत्र लिखकर बस उस प्रकार पुस्तकों की अवधारणा को अपनाया है, तुम्हारे और इंदिरा या इंदिरा गांधी के बीच कोई तुलना का कोई मतलब नहीं है।

मैं यह बात जरूर मानता हूँ कि वर्तमान समय में पत्र / लेटर्स (ई-मेल नहीं) भेजने और प्राप्त करने की प्रणाली में काफी परिवर्तन आए है, फिर भी मैं कह सकता हूं कि मैंने इस प्रक्रिया को बिल्कुल समाप्त नहीं किया, मैं लगभग नियमित रूप से पत्र लिखता हूं। अब पत्र लिखने और प्राप्त करने की अवधारणा **ई-मेल** (e-mail) के भेजने और प्राप्त करने के रूप में बदल गई है, इस प्रकार

उन दिनों के **लेटर बॉक्स** (Letter Box) को कार्यात्मक रूप से ई-मेल के लिए **मेल-बॉक्स** (Mail Box) रूप में बदल दिया गया है। मुझे पता है कि संचार की आधुनिक प्रणालियों के कई सकारात्मक पहलू हैं और हमें इससे कई फायदे मिल रहे हैं। हाल में हम किसी भी पत्र को लिखने के कारण बैठने के लिए मानसिक रूप से हम तैयार नहीं होते, बल्कि हमें लगता है कि यह कंप्यूटर / लैपटॉप के "की-बोर्ड" या स्मार्ट फोन (मोबाइल सेट) के कीपैड (Key Pad) का उपयोग करना ज्यादा आसान है और इसे काफी आरामदायक भी महसूस होता है। विभिन्न आधुनिक संचार उपकरणों की उपलब्धता के कारण यहां तक कि एक छोटे से पत्र को लिखने के लिए भी हम खुद को "पेपर और पेन" से दूर रखते हैं। इस प्रकार अभी हमलोग पोस्ट ऑफिस नहीं जाते हैं या कम जाते है। कुछ दशक पहले **डाकघर** (Post Office) और सड़क के किनारे लेटर बॉक्स (Letter Box) का स्थान आम लोगों के लिए एक महत्वपूर्ण जगह होता था, मुझे भी इसका एहसास है कि हाल ही में मैंने पत्र लिखने के स्थान पर कई **ई-मेल** (e-mail) भेजता हूं। विभिन्न आधुनिक संचार उपकरणों के प्रभावों के कारण, पत्र लिखने की अवधारणा पहले जैसी नहीं रही जैसा कि कुछ साल पहले होता था। उन दिनों के दौरान तुमने भी परिवार के अन्य सदस्यों को कई पत्र लिखी या ग्रीटिंग कार्ड भेजी हो।

यह तुम्हें जानकारी है कि मैं हमेशा सुबह जल्दी उठता हूं और हर सुबह जल्दी उठकर अपना काम करता हूं। जो कई लोगों के लिए "बहुत ही सुबह" है लेकिन यह मेरे लिए सामान्य समय होता है। मैं हमेशा अपने स्वयं के कार्यों के लिए इसी सुबह के समय का उपयोग करना पसंद करता हूं (कुछ पढ़ना, ई-मेल, फेसबूक आदि की जांच करना) हां, यह हमारे स्कूल और बाद मैं कॉलेज

के दिनों के दौरान मेरा "अध्ययन समय" होता था। तब से धीरे-धीरे मैंने पत्र लिखने की इस आदत को अपनाया, वर्तमान में उन दिनों के पत्र आज का दिन में "**ई-मेल** (e mail) " के रूप में बदल गया। इंटरनेट (कंप्यूटर / लैपटॉप या मोबाइल फोन) के माध्यम से संचार में बहुत सारे परिवर्तन हुआ है। अन्य लोगों की तरह मैंने सभी विभिन्न परिवर्तनों को अपनाया है, इसलिए मुझे लगता है कि मेरा स्थान **हाथ से लिखे गए पत्रों का युग** और SMS या ऑडियो / वीडियो क्लिप (Audio / Video clips) के आदान-प्रदान के बीच **ट्रैनजिशन पेज** (Transition Phase) में है। पहले से ही मुझे पत्र लिखने की कुछ आदत रहा और साथ में वर्तमान समय में दूसरों की तरह मैंने खुद को बदल भी लिया हूँ। अब मैं अलग-अलग ई-मेल आई,डी (E mail ID) से काम कर रहा हूं।, मैं मोबाइल फोन का उपयोग करता हूं, अब मैं आधुनिक संचार के विभिन्न शब्दों को भी जानता हूं। मेरे लिए पत्र लिखने (कागजों पर) की पुरानी परंपरा अभी भी जारी है। मैं यह स्वीकार करता हूँ कि मेरे पास इस कारण के लिए पहले जैसा उतना समय नहीं है जितना कि अब से 10-15 साल पहले होता था।

समय के साथ-साथ हमारे समाज में और साथ ही पूरे देश में भी काफी बदलाव आया है; यह सच है कि पुराने विचार **अपरिवर्तित** नहीं रह सकते। आज हमारे बीच संचार के लिए कई तेज और प्रभावी विकल्प उपलब्ध हैं, कई मामलों में हम तुरंत ही प्रतिक्रिया की उम्मीद करते हैं। अब आसानी से उपलब्ध आधुनिक उपकरणों के कारण दूर स्थानों पर रहने वाले व्यक्तियों से पत्रों को प्राप्त करने की हमारी पुरानी भावनाएं एक जैसा नहीं रहा, जैसा कि कम से कम दो दशक पहले भी हुआ करते थे। मैं / हम इसे लगातार बदलते हुये कार्यकलाप से हम सोचते हैं की ऐसा समय आएगा जब "**पत्र लिखने**" की पारम्परा समाप्त

हो जाएगी और इसके बाद देश की अलग-अलग हिस्सों में विभिन्न कॉलेजों में ग्रेजुएशन या पोस्ट ग्रेजुएशन के स्तर पर "**पत्र लेखन**" अध्ययन के विषय बन सकते हैं।

पिछले साल, दुर्गा पूजा के दिनों में तुम अपने घर से दूर रही उस समय हमें अकेलापन के कुछ विशेष एहसास हुआ था। यह सच है कि हम टेलीफोन (मोबाइल) या **व्हाट्सएप** (Whatsapp) के माध्यम से नियमित संचार करते रहे हैं, इस लिए हम यह नहीं कह सकते कि हम एक दूसरे से बिल्कुल अलग रहे, वस्तुतः हम निरंतर संपर्क में रहे, लेकिन दो स्थानों - कोलकाता और लुधियाना के बीच भौतिक दूरी को नजरअंदाज नहीं किया जा सकता है। जब तुम अप्रैल महिना में कुछ दिनों के लिए कोलकाता में बिताने का संदेश भेजी थी, तब से हम तुम्हारे आगमन के उस विशेष दिन गिनना शुरू कर चुके थे, मुझे लगता है कि तुम भी इसी तरह की भावनाएं रखा करती थी। हाँ, मुझे लगता है हमेसा ऐसा ही होता है।

यह तुम्हें मालूम है कि मैं हमेशा विभिन्न विषयों पर लेख लिखने में अपने उपलब्ध समय का उपयोग करने की कोशिश करता हूं। पिछले कई सालों में, मैंने बंगला में अपने बचपन के दिनों को वर्तमान समय में लाने और दूसरों के साथ अपनी विशेष भावनाओं को साझा करने के लिए कई पन्ने लिखे हैं। मैंने ज्यादा से ज्यादा काम (**कंप्यूटर टाइपिंग**) पूरा कर लिया है, लेकिन अभी इसे "किताब" के रूप में प्रकाशित करने की कोई योजना नहीं है। यह सीमित पाठकों (हमारे परिवार के सदस्य) के लिए व्यक्तिगत **डायरी** या **"नोटबुक"** की तरह होगा। हां, मैंने तुम्हारे बारे में भी कई पन्ने लिखा, अलग-अलग जगहों पर तुम

कैसे बिताई या तुमने अपनी पढ़ाई के लिए या अपने प्रोफेशनल कैरियर के लिए कई साल अपने तरह से गुजारी हो।

मुझे लगता है कि अभी से करीब पांच साल पहले जब हम लोग लेक रोड सथित **सिरसा** में रहा करते थे तब मैंने अंग्रेजी में **लैंसडाउन टू लेक रोड** (Lansdowne to Lake Road) शीर्षक पर एक **छोटी पुस्तक** छपाई थी।

जैसा कि मुझे याद है, वर्ष 2014 में **सरस्वती पूजा** के दिन हमारे करीबी पारिवारिक रिश्तेदारों को उस किताब / पुस्तक की कुछ प्रतियां / कापि दिये थे। यह वर्ष (2014) बहुत महत्वपूर्ण था क्योंकि उसी वर्ष में तुमने कलकत्ता विश्वविद्यालय से भूगोल ऑनर्स ग्रेजुएशन कोर्स (B.Sc) किया था और इसी साल में तुमने Symbiosis Institute of Geoinformatics में जियो-इन्फॉमैंटिक्स में मस्टेर्स (Masters in Geo Informatics) कोर्स लिए पुणे शहर में पहुँची।

पिछले साल जून में, जब हमलोग लुधियाना (पंजाब) से लौट रहे थे, तब नई-दिल्ली की सीएसआईआर-महारानी बाग साइंटिस्ट अपार्टमेंट्स (CSIR Scientists Apartments Maharani Bagh), में रहेने का अवसर मिला था। उस स्थान पर पहुँचने के बाद मैंने वहाँ अपने **पुराने दिनों** को याद किया और तुम्हारे लिए वह था बचपन के दिन की सुनहरी यांदे। यहाँ मुझे उन पिछले दिनों को पुनः एकत्रित करते हुए बहुत ख़ुशी महसूस हुई क्योंकि भगवान के आशीर्वाद से हमें पाँच वर्षों तक वहाँ रहने का उत्कृष्ट अवसर मिला था।

घर लौटने के बाद, एक दिन सुबह-सुबह मैंने उस किताब मतलब, **लैंसडाउन टू लेक रोड** (Lansdowne to Lake Road) की सॉफ्ट कॉपी (Soft copy) मुझे मिल गयी थी। मैंने कुछ संशोधनों के साथ-साथ अधिक

महत्वपूर्ण घटनाओं को शामिल करने के बारे सोचा। इस बार मैंने वाक्यों (Sentences) के निर्माण में बदलाव लाने का योजना बनाई, और तब से सभी विषय को **व्यक्तिगत पत्र** जैसा रूप में संबोधित करने का काम में लगे है। यहां तुम पूछ सकती हो कि "यदि विषय एक रहेगा, तो वाक्यों के गठन में बदलाव का मतलब क्या हो सकता है ?" यह किसी भी व्यक्तिगत पत्र के रूप में क्यों होना चाहिए? इस तरह के सवालों का बहुत ही सरल या संक्षेप जवाब में, मैं कह सकता हूं, मुझे पत्र के रूप में व्यक्त करने में आसान महसूस होता है, इस प्रकार पत्र में वाक्य उस व्यक्ति के साथ प्रत्यक्ष वार्तालाप की तरह जैसा हैं, जिसे पत्र में संबोधित किया गया। मैंने इस पत्र लिखने की शैली को जिंदा रखने और बरकरार रखने के लिए बहुत ही उत्साह से पत्र लिखने के कार्य में जूटा हूँ।

अब यह पत्र पहले से ही काफी लंबा हो गया है, मुझे अब रुकना ही होगा। मैं तुम लिखने के लिए फिर बैठूंगा और तब अधिक चीजों का उल्लेख करूंगा। तुम्हरा समय अच्छा बीते यह उम्मीद रखता हूँ। लुधियाना में काम करने के साथ-साथ उस स्थान पर रहने का आनंद लेना, भविष्य में तुम्हारी स्मृति में ये दिन बनी रहेगी। मैं यहां अपने घर पर तुम्हारी उपस्थिति की प्रतीक्षा करेंगे। अपनी सेहत का जरूर ख्याल रखना ।

सभी शुभकामनाओं और आशीर्वाद के साथ, तुम्हारे - बाबा (पापा)

पत्र लेखन प्रतियोगिता के बारे में महत्वपूर्ण सूचना इस प्रकार था,

Dhai Akhar National Level Letter Writing Campaign is a campaign organized by Department of Posts to promote the art of letter writing in the country. The theme/topic of the Dhai Akhar Letter Writing Campaign is "Letter to my motherland" inspired by Rabindranath Tagore's "***Amar Desher Mati***".

Categories

The categories for National Level Dhai Akhar Letter Writing Campaign are as follows:

Up to 18 years:
Inland Letter Card Category
Envelope Category

Above 18 years:
Inland Letter Card Category
Envelope Category

National Level

Dhai Akhar National Level Letter Writing Campaign is a campaign organized by Department of Posts to promote the art of letter writing in the country. The theme/topic of the Dhai Akhar Letter Writing Campaign is **"Letter to my motherland / मेरे देश के नाम खत"** inspired by Rabindranath Tagore's **Amar Desher Mati**.

Prize to be given to the winners in each Category at Circle Level:
First Prize in each Category: INR 25000/-
Second Prize in each Category: INR 10000/-
Third Prize in each Category: INR 5000/-

Prize to be given to the winners in each Category at National Level:
First Prize in each Category: INR 50000/-
Second Prize in each Category: INR 25000/-
Third Prize in each Category: INR 10000/-

Prize to be given in each Category at International Level:
First Prize in each Category: INR 50000/-
Second Prize in each Category: INR 25000/-
Third Prize in each Category: INR 10000/-

The last date of submission is **30 Sep 2018**.

All Non-resident Indians and Persons of Indian Origin living outside India can participate in the International Level Dhai Akhar Letter Writing Campaign.

The theme of the Dhai Akhar Letter Writing Campaign will be "**Letter to my motherland**" inspired by Rabindranath Tagore's "Amar Desher Mati".

The letter, to be written in **English /Hindi /Local Language**.

The participants have to give a certificate of proof of their age on the letter such as "I certify that I am Below/above the age of 18 as on 01/01/2018".

The letter can be written on plain A-4 size paper with a word limit of not more than 1000 words under envelope category, or in an Inland Letter Card (ILC) with a word limit of not more than 500 words for ILC category. The embossed envelope / envelope with required stamp affixed and Inland Letter Card (ILC) will be the permitted stationery for participating in the campaign.

The writer of the letter will have to go to the post office and post the letter in a specially designated letter box. The letter, in case of rural areas may be brought to the local BO and posted. The BOs will dispatch it to their respective Account Office (HO/SO) duly entered in Account Bag for further dispatch to concerned Circle Office.

हमारे स्कूल के दिनों में टेलीफोन का उपयोग

जय माँ

कोलकाता

11.05.2019

प्यारी पुत्री दुर्गा,

मेरा पिछले पत्र में मैंने दुनिया के अलग-अलग स्थानों पर रहने वाले लोगों के बीच संचार की अवधारणा में तेजी से बदलाव के बारे में उल्लेख किया है। हमारे बचपन के दिनों में हमारे रिश्तेदारों और अन्य लोगों के बीच पत्र भेजना और प्राप्त करना दोनों ही बहुत सामान्य थे। हां, टेलीफ़ोनिक वार्तालापों के लिए व्यवस्था जरूर था, यह सच है कि पिछली शताब्दी के सत्तर के दशक के शुरुआती वर्षों के दौरान हमारे कोलकाता की जोड़ाबागान रोड (नाकतला) पर स्थित घर पर **टेलीफोन कनेक्शन** था, लेकिन उसी समय हमारे इलाके में यह बहुत आम बात नहीं था। जैसा कि मुझे याद है तब उस इलाके में केवल कुछ निवासियों के पास ही अपना निवास पर टेलीफोन होता था। उन दिनों हमे **ट्रंक कॉल बुकिंग** (Trunk Call Booking) का बारे में कुछ जानकारी जरूर था। उसी दौरान हमें हमारा सबसे बड़ा भाई (तुम्हारे बड़े जेठु) जो उस समय में इंग्लैंड (England) में पढ़ने के लिए रहते थे और उनसे ट्रंक कॉल द्वारा बात कर ने का मौकों मिला था। चूंकि हमारे इलाके में बहुत सीमित संख्या में टेलीफ़ोन था, हमारे कई पड़ोसियों ने विभिन्न स्थानों पर रहने वाले लोगों के साथ अपने संचार के लिए हमारे आवासीय टेलीफोन नंबर का उपयोग किया करते थे। कई मौकों पर मैंने / हम हमारे अलग-अलग पड़ोसियों के घरों तक जा के उनके संभावित टेलीफोन / ट्रंक कॉल के बारे में की सूचना / संदेश देते थे। मेरा कुछ मित्र थे, जिन्हें टेलीफोन कॉल के बारे में कुछ भी पता नहीं था, कुछ कुछ समय पर हमने उन्हे समझने के

लिए हमारे घर पर बुलाते थे और हमारे बड़े भाइयों या बहनों ने उन्हें कई व्यक्तियों (जैसा की हमारे कोई रिश्तेदारों) के साथ टेलीफ़ोन पर बात करने का मौका दिया करते थे। तब हम स्कूल के छात्र थे, विभिन्न अवसरों पर हमारे दोस्तों ने हमारी बड़ी बहन (तुम्हारी मेजोंपिसि) को टेलीफोन, टेलीग्राम, ट्रंक कॉल आदि सिस्टम के बारे में बहुत सारे सवाल पूछते थे। उस समय इसी तरीका से हमलोग कोई विषय पर एक दूसरे से जानकारी हासिल करते थे।

वर्तमान में हम अपने मोबाइल फोन में ही टेलीफोन सभी नंबर और अन्य विवरणों (Contact details) को नोट करके रखते हैं, यह बहुत सुविधाजनक भी है। जैसा मैं जिस अवधि के बारे में मैं बात कर रहा हूं, जब हमारी व्यक्तिगत डायरी या टेलीफोन बुक (Telephone Book) उपलब्ध होते थे जिससे हम उन व्यक्तियों, जिन्हें जानते हैं उनके टेलीफोन नंबरों को खोजने के लिए था। जब कोई अज्ञात व्यक्ति या किसी कार्यालय, अस्पताल का टेलीफोन नंबर प्राप्त जरूरी होता था तब हमारे पास केवल कलकत्ता टेलीफोन (Calcutta Telephone) की टेलीफोन निर्देशिका – Telephone Directory होता था लगभग जो 1000 पृष्ठों वाली एक पुस्तक होता था।

उन दिनों मुझे / हमें **टेलीग्राम**) Telegram) भेजने और प्राप्त करने के बारे में जानकारी भी जरूर था पर मुझे समझ में आ गया था कि कुछ आपात स्थिति में ही केवल टेलीग्राम भेजा या प्राप्त किया जाता था। उस समय टेलीग्राम की सुविधा केवल कुछ चुने हुए डाकघर / पोस्ट ऑफिस में उपलब्ध थी, मुझे याद है कि एक या दो बार मैं अपने परिवार के कोई बड़े सदस्यों के साथ टेलीग्राफिक मैसेज भेजने के लिए टॉलीगंज क्षेत्र मैं एक पोस्ट ऑफिस (सायद अजदगढ़ पोस्ट ऑफिस) गया था।

अब समय बदल गया है, अब आधुनिक मोबाइल टेलीफोन सेट के माध्यम से किसी भी व्यक्ति जो दुनिया के दूसरे किसी भी हिस्से में है उनसे तुरंत ही मोबाइल फोन के माध्यम से संपर्क कर सकते हैं। वर्तमान समय में कई लोगो से **लाइव वीडियो कॉलिंग** (Live Video Calling) का विचार रखते हैं। हमारे स्कूल के दिनों में ये हमारी कल्पना से बाहर था। जब हम स्कूल में जूनियर कक्षाओं में पढ़ते थे तब **टेलीविज़न** (Television) एक निश्चित शब्द सीमा के साथ एक "निबंध" या "पैराग्राफ" लिखने के लिए सामान्य विषय होता था। आज की तारीख में सभी संचार के क्षेत्रों साथ में संचार के साधनों में बहुत तेजी से बदलाव आया है, पुरानी अवधारणा को अब हमे छोड़ना पड़ेगा।

वर्तमान में हम मोबाइल टेलीफोन सिस्टम, जो की कोई भी वायर्ड कनेक्शन (wired Connection) से स्वतंत्र हैं, उस के साथ जादा परिचित है। हमारे घर या किसी कार्यालय या कार्यस्थल पर रखे गए टेलीफोन सेट जो लाइनों /तारों द्वारा जुड़ा होता है उसे आज के समय में BSNL / Calcutta Telephones की **लैंड लाइन टेलीफोन** (Land Line Telephone) नाम से परिभाषित करते है, लेकिन हमारे स्कूल के दिनों में कोई प्रकार की विकल्प नहीं होता था इस लिए केवल **"टेलीफोन"** शब्द का इस्तेमाल करते थे।

इस पत्र में मैंने जो कुछ भी उल्लेख किया है, वह तुम्हें या तुम्हारे पीढ़ी के अन्य लोगों को उस समय, जब हमलोग स्थानीय स्कूलों में जूनियर क्लास में रहे, तब का संचार प्रणाली की स्थिति कैसा था यह समझने के लिए है। यदि तुम इंटरनेट में सर्च करोगी तो तुम्हें उस अवधि (जो अब से लगभग 45 - 47 साल पहले का) की बहुत सारी जानकारी मिल जा सकती है।

मैं इस पत्र को यहां समाप्त कर रहा हूं, मैं किसी और दिन और कुछ विषय पर ऐसा ही पत्र लिखूंगा।

सभी शुभकामनाओं और आशीर्वाद के साथ, तुम्हारे - बाबा (पापा)

हमारे स्कूल के दिनों के टेलीफोन सेट

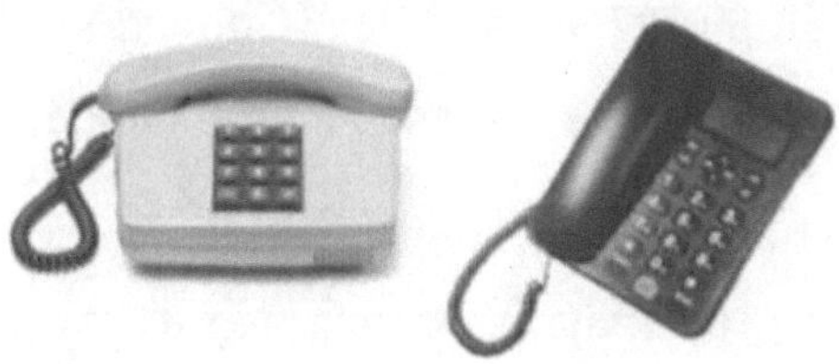

तुम्हेरे स्कूल के दिनों के टेलीफोन सेट

MTNL

BSNL
Connecting India Faster

ये लोगो से कहीं अधिक हैं

व्यक्तिगत पत्रों का संग्रह

जय माँ

कोलकाता

18.05. 2019

प्यारी पुत्री दुर्गा,

मैंने पहले भी तुम्हें कहा है, बल्कि तुम जानती हो कि पिछले कुछ हफ्तों से मैंने हिंदी में कुछ टेक्स्ट डॉक्युमेंट्स (Text Documents) बनाने या लेटर्स (Letters), हिन्दी के साथ कुछ पत्र अंग्रेजी में भी लिखने के लिए खुद को व्यस्त रखा है। हाँ, मैंने यहां पत्रों का संग्रह (Collection of Letters) को एक **छोटी सी एक किताब** के रूप में पेश करना चाहता हूँ और इसी कारण के लिए मैं कई पुराने पत्रों को खोज की प्रक्रिया जारी रखें है।

जून 2014 के बाद से तुम घर से बाहर कोई दूर के स्थानों पर रहने लगे हो, शुरू में तुम अपने उच्च अध्ययन के उद्देश्य से कोलकाता छोड़कर पुणे पहुंची और बाद में तुम नौकरी के लिए राजस्थान के जयपुर में रही और अभी लुधियाना तुम्हारे लिए वर्तमान रहने का स्थान बन गया। तुम्हारे तरह, अभी से 30 साल से अधिक समय पहले इंजीनियरिंग की पढ़ाई के लिए मुझे कलकाता में स्थित अपना घर से दूर स्थान पर मतलब जमशेदपुर के एक आवासीय महा-विद्यालय (Residential College) के छात्रावास / हॉस्टल में रहने का अवसर मिला था। उस समय और बाद में जब तुम सिर्फ चार साल के थी तब हमलोग एक साथ देश (भारत) के अंदर विभिन्न स्थानों पर रहने लगे। जब मैंने घर से दूर स्थान पर पहँचे, तब से मुझे पत्र और साथ में विभिन्न समारोहों के ग्रीटिंग कार्ड (Greetings Cards) भेजने का और साथ मैं पत्र प्राप्त करने का महत्व का

एहसास हुआ था। आज भी मैं इसका महत्व महसूस करता हूं। ये बात सही है की समय बादल जाने से बहुत कुछ ही बादल जाते है।

मैं अब से लगभग पांच साल पहले के दिनों को याद कर रहा हूँ जब तुम करीब दो महीना बैंगलोर में रही। तब तुमने CSIR - CMMACS (CSIR - 4PI) में अपनी अकादमिक परियोजना (Academic Project) के कार्यों अपने निर्दिष्ट समय के अंदर पूरा कर ली थी और Project Report जमा करने का प्रणाली भी पूरा कर चुकी थी। इसके बाद ही तुम उस जगह से फ्लाइट (Flight) से सीधा कोलकाता में हमारे अपना घर आने का योजना बनाई थी, तब हमलोग घर पर उत्सुकता के साथ तुम्हारी आगमन की प्रतीक्षा कर रहे थे। उस समय तुम भी हमारे साथ और कोलकाता में तुम्हरी अपने पुराने दोस्त / दोस्तों के साथ मिलने के लिए इंतजार कर रही थी, यह उस समय पर स्वाभाविक था। इस भावना को उन लोगों द्वारा महसूस किया जा सकता है जो कभी कोई दूर के स्थानों पर रहे हैं या अपने प्रियजनों से दूर हैं।

यह सच है कि वर्तमान समय में, पूरे देश में संचार व्यवस्था बहुत अच्छी हैं, अब हम सभी के पास हमारे व्यक्तिगत टेलीफोन (मोबाइल) है, हम अपनी पसंद के अनुसार किसी भी समय किसी के साथ भी बात कर सकते हैं। अभी से 12-13 साल पहले की अवधि में हमारे पास एक भी मोबाइल टेलीफोन नहीं था, यहाँ तक की तब मोबाइल टेलीफोन सेवा आम लोगों तक नहीं पहुंचा था। यह कहना महत्वपूर्ण है, जैसा कि आज का दिन में **लाइव वीडियो कॉल** (Live Video Call) भी बहुत महंगा नहीं है, पर उस समय बहुत लोगों के लिए यह कल्पना से बिलकुल बाहर था। मुझे याद है बहुत साल पहले मैंने कलकता की Birla Industrial and Technological Museum में तार

से जुड़ा हुआ Video Telephone का कम काज देखे थे और उधर रखा दो टेलेफोन के मधाम से हम एक दूसरे से बातचित किया था, तब मुझे बहुत ही अच्छा लगा था।

मुझे लगता है कि मैंने तुम्हें पहले उल्लेख किया है कि किसी विशेष अवधि में नई दिल्ली की जनकपुरी में हमारे किराए के घर पर अपने नियमित संचार के लिए अपना कोई भी टेलीफोन उपलब्ध नहीं था। उन दिनों अधिकांश समय, हमने सार्वजनिक टेलीफोन बूथों या STD बूथ से टेलीफोन कॉल करते थे और और हमने उसी से अपनी आवश्यकता को प्रबंधन करते थे और वह भी सायद एक सप्ताह में एक या दो दिन टेलीफोन पर बातचीत होता था।

हमारे पिता (बाबूजी) और परिवार के अन्य सदस्यों के लिए पत्र लिखना एक सतत प्रक्रिया था और उनसे भी नियमित तौर पर हमे पत्र प्राप्त होता था। मैं विशेष खुशी से स्वीकार करना चाहता हूँ कि मैंने अपने माता पिता और परिवार के कई बड़े सदस्यों से पत्र लिखने का आदत अपनाए थे। मैं स्वीकार करता हूं कि हाल के वर्षों में, मैंने खुद को कई तरीकों से बदल लिया है; अब मैं उस पुरानी परंपराओ का सही तरीका से पालन नहीं कर रहा हूँ। यह सच है अब मैं विशेष अवसर को छोड़कर किसी एक को भी पत्र नहीं लिखता हूँ, जैसा कि मैंने पहले नियमित रूप से किया करता था। इसी कारण से स्वाभाविक रूप से पत्र और ग्रीटिंग कार्ड प्राप्त करने का मौका भी काफी कम हो गया। हो सकता है कि यह तेजी से **बदलती जीवन शैली और संचार प्रौद्योगिकियों** (Communication Technologies) में उन्नति के कारण हुआ हो।

आज के समय में हम सभी लोग संचार के विभिन्न आधुनिक साधनों जैसे टेलीफोन, इंटरनेट आदि का उपयोग करना पसंद करते हैं। आज के समय में ई-मेल (e-Mail) या मैसेज की हिसाब से संदेश भेजना और प्राप्त करना बहुत

आम बात है। विभिन्न मल्टी-मीडिया सिस्टम (Multi Media systems) जैसे व्हाट्सएप (Whatsapp), फेसबुक (Facebook), स्काइप (Skype), इत्यादि का ज्यादा इस्तेमाल कर रहा हूं। हो सकता है निकट भविष्य में हर कोई इसी तरह के संचार के लिए विभिन्न आधुनिक साधनों या गैजेट्स पर ज्यादा ही निर्भर होंगे। यदि यह प्रक्रिया जारी रहती है तो, मुझे लगता है कि समय आ जाएगा जब **पत्र लिखने के तरीके** पर अलग सा स्नातक (Graduation) या स्नातकोत्तर (Post Graduation) स्तर पर अध्ययन के विषय हो जायेगा। हमारी परिवर्तित जीवन शैली के विभिन्न पहलुओं के साथ-साथ हमारे समाज में होने वाले परिवर्तनों के संबंध में मैं एक व्यक्ति के रूप में मैंने एक **Transition Phase** पर हूँ। मुझे पत्र लिखने की आदत थी और हाल के समय में मैंने भी **डिजिटल संचार** के विभिन्न माध्यम (हाथ से लिखे गए पत्र लिखने के विकल्प) को अपना लिया है। फिर भी मुझे पत्र लिखने की कुछ मानसिक तैयारी भी है।

तुम जानती हो, मैं विभिन्न चीजों या लेखों को इकट्ठा करना पसंद करता हूं जो की कई लोगों के लिए उतना महत्वपूर्ण नहीं होता है। कुछ विशिष्ट तिथि या कुछ अवसरों या निश्चित समय के बाद जैसा पुराने जन्मदिन या अन्य समारोह के ग्रीटिंग कार्ड (Greetings Cards) या परिवार के किसी भी सदस्य के व्यक्तिगत या / सामान्य पत्र को "बेकार कागजात" माना जा सकता है, लेकिन मेरे लिए वे कागजात (स्पष्ट रूप से सभी नहीं हैं) या **मूल्यवान दस्तावेज** (Important Collection Items) है। तुम कुछ अपने हात से लिखा छोटे पत्रों को देखकर आश्चर्यचकित हो जाओगी इसलिए की जब तुमने वह पत्र लिखी थी तब तुम पांच साल के भी नहीं थी। हाँ, मैंने ऐसी चीजों को अपने Collection Items के रूप मरखता हूँ। अब यदि तुम उन पत्रों या कार्डों आदि की सामग्री को देखोगी,

तो तुम निश्चित रूप से पहली नज़र में मुस्कुराओगी साथ में बहुत चकित भी हो सकती हो।

तुम अगर अपना समय निकाल सकती हो तो अपने चचेरे भाइयों और अन्य लोगों को इस तरह के **"पत्र, ग्रीटिंग कार्ड, रेखा चित्र, चित्र"** आदि दिखा सकती हो। यह सच है या हम स्वीकार करते हैं, की कि विभिन्न अवसरों पर तुम मुझे विभिन्न पुराने पत्र- कार्डों को अपना इच्छा के अनुसार इकट्ठा करने में बहुत ही मदद की थी। कुछ साल पहले तुमने पुराने कार्डों का एक एल्बम बनायें थे जो हम अपने पास सही तारिके से रखें हैं। समय बीतने के साथ अवधारणा काफी बदल गई है, निकट भविष्य में हो सकता है कि हम जैसा बहुत कम लोग मिलेंगे जो स्वयं हाथ से पत्र लिखने का आदत रखते है।

मुझे नहीं पता कि मैंने इसका उल्लेख किया है या नहीं कि हाल ही में मैंने एक वर्गीकृत (classified) दस्तावेज तैयार करना शुरू किया है जिसमें हमारे परिवार के सदस्यों द्वारा लिखित तीन सौ से अधिक पत्र हैं। यहां यह महत्वपूर्ण है कि अधिकांश पत्र बंगला में लिखे गए हैं और इस स्तर पर तुम्हें कुछ प्रकार की व्यावहारिक कठिनाइयों का अनुभव हो सकता है क्योंकि लंबे समय तक तुम किसी भी तरह के बंगला ग्रंथों के संपर्क में नहीं हो, लेकिन मुझे विश्वास है, यदि इस उद्देश्य के लिए कुछ समय दिया जाए तुम उन पत्रों को पढ़ने के लिए सक्षम हो जाओगी। कोलकाता आने पर मैं तुम्हें **पत्रों का संग्रह** (Collection of Letters) जरूर दिखाऊंगा। यहाँ पर अधिकांश पत्र 1998 से 2004 की अवधि के दौरान हम सभी ने लिखे थे, जब तुमने नर्सरी कक्षा और बाद में प्राथमिक विद्यालय में शामिल थी। **कुछ पुराने पत्रों** की Scanned copies तुम्हारे लिए संलग्न हैं।

मेरे संग्रह में हमारे परिवार के विभिन्न सदस्यों के कई पत्र हैं जो चालीस वर्ष से अधिक पुराने हैं। यदि तुम हमारे अलग-अलग रिश्तेदारों के विभिन्न पत्रों की के माध्यम से जाती हैं, तो तुम कई ऐसी चीजों को जान पाओगी, जो तुमने पहले नहीं सुनी होगी। मेरा मानना है कि तुम अपने सभी चचेरे भाइयों बहनों के साथ साझा कर सकती हो, वे भी कई तथ्यों और घटनाओं को जान सकेंगे। जैसा कि अब से दस या बारह साल पहले अलग-अलग चीजें हुई थीं, ये सभी तुम्हारे बचपन की **कहानियों** की तरह दिखाई देंगी। ऐसे दस्तावेजों के माध्यम से तुम समझेंगे कि तुम कोलकाता में एक **संयुक्त परिवार** (Joint Family) के वातावरण में कैसे बड़ी हुई हो। इन पत्रों को पढ़ने से यह समझने में सक्षम होगी कि हमारे रिश्ते कितने करीबी थे, हम दूसरों की देखभाल कैसे करते हैं और वे हमारे बारे में कैसे गहराई से सोचते हैं, किस तरह से बचपन में अपना समय दूसरों के साथ बिताया था आदि।

जैसा कि मुझे पत्र लिखने की पुरानी आदत है, मैंने पहले ही बहुत कुछ लिखा है, यह काफी लंबा है, अब मुझे इसे रोकना होगा। मुझे पता है, तुम्हारे पास अपने कामों को पूरा करने के लिए बहुत सीमित समय है, उस पर ध्यान केंद्रित करें और जब तुम लगभग एक सप्ताह के लिए घर पर होंगी तब हम एक साथ घंटों बात करेंगे। आशा है की तुम तुम्हारा समय अच्छा बिता रहे हो।

सभी शुभकामनाओं और आशीर्वाद के साथ तुम्हारे - बाबा (पापा)

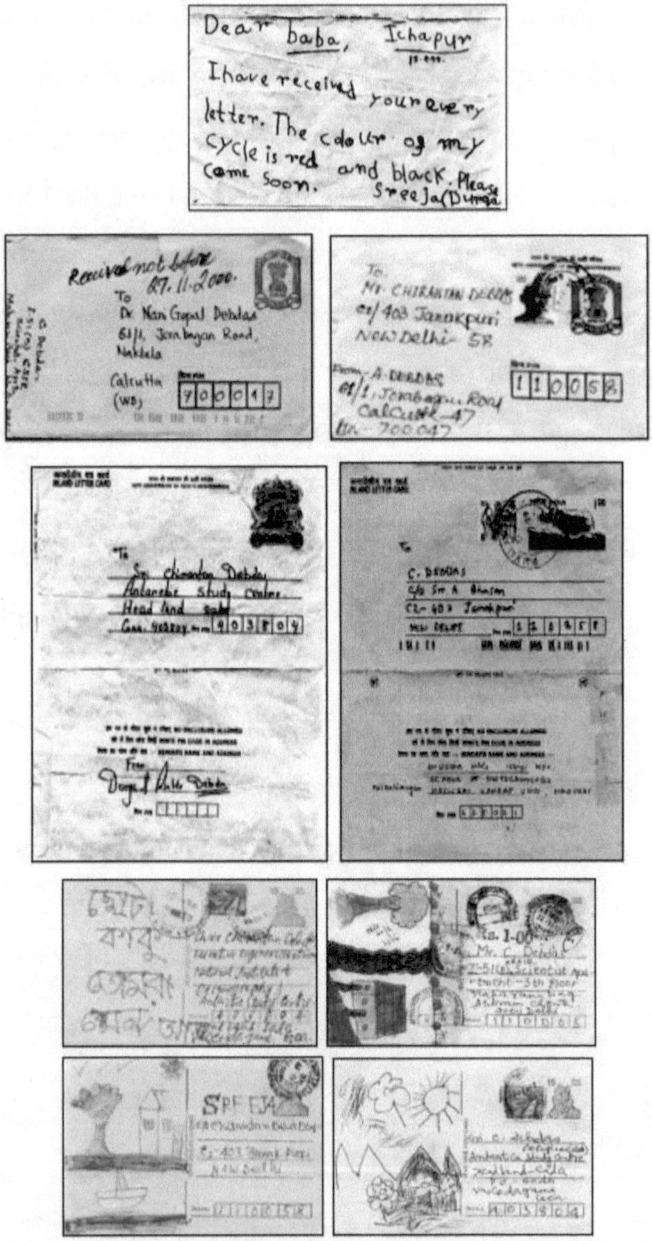

कुछ पुराने पत्रों की Scanned copies

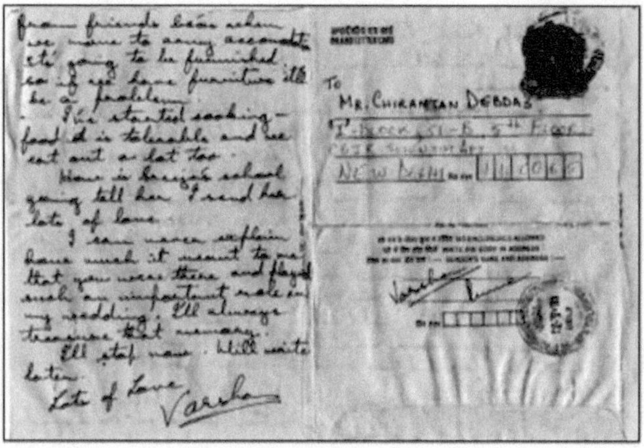

from friends here when we move to army accommodation it's going to be furnished so if we have furniture it'll be a problem.

I've started cooking - food is tolerable and we eat out a lot too.

I send her lots of love.

I can never explain how much it meant to me that you were there and played such an important role in my wedding. I'll always treasure that memory.

I'll stop now. Will write later.

Lots of love
Varsha

To
Mr. Chirantan Debdas
New Delhi

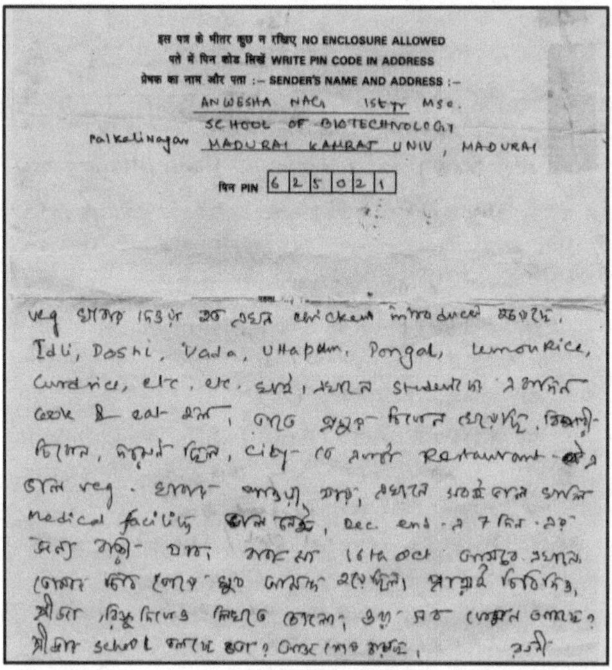

इस पत्र के भीतर कुछ न रखिए NO ENCLOSURE ALLOWED
पते में पिन कोड लिखें WRITE PIN CODE IN ADDRESS
प्रेषक का नाम और पता :– SENDER'S NAME AND ADDRESS :–
ANWESHA NAG 1st yr MSc.
SCHOOL OF BIOTECHNOLOGY
Palkalinagar MADURAI KAMRAJ UNIV, MADURAI
पिन PIN 625021

कुछ पुराने पत्रों की Scanned copies

हिंदी - सामान्य संचार की भाषा है

जय माँ

कोलकाता

25.05.2019

प्यारी पुत्री दुर्गा,

पिछले एक महीने में हो सकता है यह मेरा पांचवां पत्र है। पहले हम तुम्हें अंग्रेजी में पत्र लिखते थे अभी हिंदी में लिखने की योजना बनाई। मुझे पता है कि तुम पूछ सकती हो, "ऐसा क्यों है?", भाषा का प्रयोग में क्या फर्क है ? तुम जानती हो, मैं अपनी निजी बातचीत में हिंदी का प्रयोग पसंद करता हूँ। तुम्हें यह बताते हुए मुझे बहुत खुशी हो रहा है कि पिछले साल में मेरा एक हिन्दी लेख **कन्या-पूजन** शीर्षक के साथ हमारे संगठन (CSIR-IICB) कोलकाता की वार्षिक **हिन्दी पत्रिका संजीवनी** में प्रकाशित हुआ था। मुझे लगता है तुम पहले से जानती हो की मेरा कुछ हिन्दी लेख इससे पहले भी इस पत्रिका में प्रकाशित हुए थे। यहां सब कुछ स्वीकार करते हुए मैंने कहना चाहता हूँ कि वर्तमान समय मैं **पेन एंड पेपर** का उपयोग करके हिंदी नहीं लिखता। हिंदी में किसी भी विषयों में लिखने के लिए विभिन्न लोकप्रिय **बहुभाषी सॉफ्टवेयर** (Multi-lingual Software) या **एप्लिकेशन पैकेजों** (Application Packages) का उपयोग करता हूँ और मुझे आसान लगता है। वास्तव में यह बहुत उपयोगी और साथ में लाभप्रद भी है, लेकिन एक बात कहना चाहिए, इस कारण से मैं केवल कागज के एक टुकड़े पर हिंदी में कुछ भी लिखने के लिए खुद को दूर रखता हूं, अभी हम सब सभी प्रकार की लेख का कंप्यूटर प्रिंटआउट (Print out) लेना या e mail के रूप में भेजना ज्यादा पसंद करता हूँ।

यह सच है कि बंगला हमारा अपना भाषा है और स्कूल के दिनों में बंगला माध्यम ही था पढ़ाई के लिए। मैंने स्कूल में संस्कृत का भी अध्ययन किया था इस कारण से मुझे देवनागरी अक्षर का अंदाज जरूर था। लेकिन मैंने हिंदी में बातचीत तभी सीखी जब मैंने अपनी इंजीनियरिंग की पढ़ाई के लिए जमशेदपुर)तब बिहार में था, बाद में यह झारखंड का हिस्सा बन गया (में रहे। उस अवधि के दौरान मुझे समझ में आया था कि **भारत में हिंदी सबसे आम भाषा** था (अभी भी एक जैसा होगा) और हिन्दी हमारे बीच में संचार का सबसे अच्छा साधन था। आज मुझे यह कहना चाहिए कि हिंदी में बात करने की शक्ति मुझे कोई असामान्य स्थितियों में सामना करने का क्षमता प्रदान किया था। इस कारण से मैंने दूसरों को उनके सामान्य बातचीत के लिए हिंदी अपनाने के लिए प्रोत्साहित करता हूं। हाँ, मुझे यह भी पता है, कि हमारे बीच कुछ व्यक्ति या कुछ लोगो ने हिंदी को **राष्ट्रभाषा** के रूप में स्वीकार करने के लिए कुछ अवधारणा या आरक्षण रखते हैं पर मुझे नहीं लगता कि यह एक महत्वपूर्ण मुद्दा है या हो सकता है।

कुछ व्यक्तियों का सोच इस प्रकार है कि, अक्सर हिंदी वाक्यों का ज्यादा उपयोग करने से उनकी अपनी भाषाओं को नजर अंदाज हो जाता है। लेकिन यहां मेरी राय उनसे अलग है, केवल एक भाषा अपनाने से हमारी अपनी भाषाओं की पहचान नहीं खो जाएगी, क्योंकि हमारे घर और अन्य स्थानों पर अपनी भाषाओं का उपयोग करने का पर्याप्त अवसर मिल जाता है। हमारे देश में कई प्रकार की भाषाएँ हैं, तुम जरूर जानती हो कि हमारे देश की **मुद्रा नोटों** या Currency Note के ऊपर **15 भारतीय भाषाओं** में मुद्रा नोट का मूल्य लिखा होता हैं; यह वास्तव में पूरे विश्व में अद्वितीय है। कई शताब्दियों में, हमारे देश में,

बहुभाषी प्रणालियां अस्तित्व में है, यह इसलिए संभव हुआ क्योंकि हमारे पास पर्याप्त भाषाई सहिष्णुता है। मुझे विश्वास है कि यह आने वाले दिनों में अपरिवर्तित होगा। यहाँ मैं श्री अतुल प्रसाद सेन की एक लोकप्रिय बंगला कविता या गीत की कुछ पंक्तियो मैं उल्लेख करना चाहता हूं यह इस प्रकार है, *नाना भाषा नाना मत नाना परिधान, बिबिधेर माझे देखो मिलन महान"...* । इस गीत के माध्यम से हम सभी को अपने देश की सभी विभिन्न भाषाओं के लिए सही सम्मान होना चाहिए, मेरा मानना है, हमारे देश में विविधता में एकता हमेशा से ही है। तुम हमारे देश में विभिन्न स्थानों पर रही, मुझे लगता है कि तुम्हारी भी यही राय होगी। वर्तमान में तुम पंजाब की लुधियाना शहर में रह रही हो, मुझे पता है, अब तुम अपने सहयोगियों और दूसरे के साथ बातचीत करती हो जो लोग सामान्य रूप से पंजाबी भाषा का प्रयोग करते हैं। उस स्थान पर भी हिंदी तुम्हारे सब के लिए आम भाषा (common Language) है।

जैसा कि हमने **जय हिन्द** को राष्ट्रवाद की हमारी **आवाज** के रूप स्वीकार किया है, तो क्यों नहीं हिन्दी भाषा को हमारे **सामान्य संचार की भाषा** हो सकती है?" आज भी हमें इससे व्यापक दृष्टिकोण के साथ सोचना चाहिए। भले ही हिंदी मेरी या हमारी अपनी मातृभाषा न हो, पर हिंदी को एक सामान्य भारतीय भाषा के रूप मे स्वीकार करने का नैतिक समर्थन जरूर है। यहाँ मैंने तुमसे इस विषय पर सोचने के लिए अनुरोध करूँगा और साथ में तुम्हारी अपनी राय वक्त करने के लिए कहूँगा। आज मैं इस समय यहां पत्र को समाप्त कर रहा हूं, बाद मैं तुम्हें विभिन्न विषयों पर पत्र लिखना जारी रखूँगा।

सभी शुभकामनाओं और आशीर्वाद के साथ, तुम्हारे - बाबा (पापा)

मुद्रा नोटों के ऊपर 15 भारतीय भाषाओं में मुद्रा नोट का मूल्य लिखा हैं

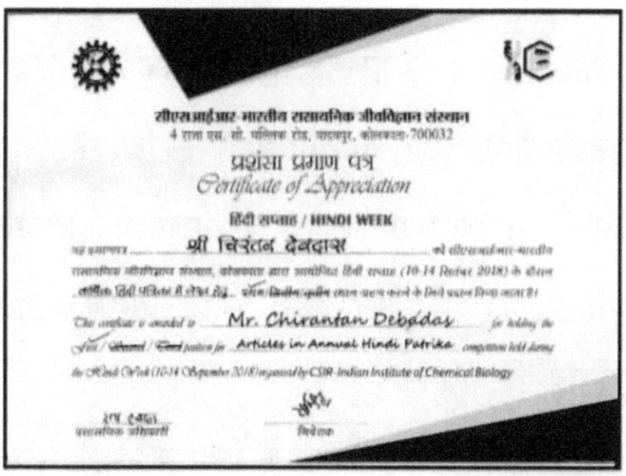

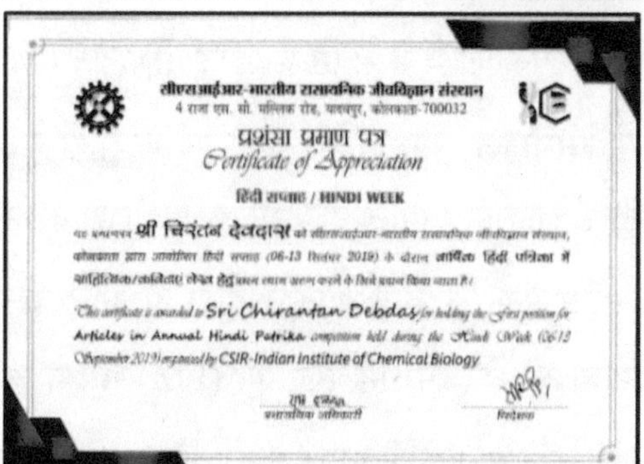

हिंदी में लेख लिखने के लिए सराहना

आकाशवाणी, देश की आवाज

जय माँ

07.06.2019
कोलकाता

प्यारी पुत्री दुर्गा,

पिछले एक महीने में मैंने तुम्हें कई पत्र लिखे हैं, हर बार मैंने एक - दो पृष्ठ की पत्र लिखने के लिए किसी नए विषय का चयन किया है। इस बार भी विभिन्न ऐतिहासिक घटनाओं पर विचार किया है और मैंने यह पत्र के रूप मे लिखने की योजना बनाई है। हमारे देश में कब और कैसे **रेडियो कार्यक्रम** (Radio Transmission) शुरू और अभी इसका क्या स्थिति है। मुझे लगता है कि तुमने हाल ही का एक समाचार पर ध्यान दिया है, जहां वर्तमान ब्रिटिश सरकार ने उस देश में एक मुद्रा नोट के ऊपर **भारतीय वैज्ञानिक, जगदीश चंद्र बोस** की तस्वीर छापने का फैसला किया, मेरा विचार मैं यह किसी भी भारतीयों के लिए बहुत गर्व की बात है।

वर्तमान समय में मनोरंजन के लिए कई माध्यम उपलब्ध हैं, बहुत सारे इलेक्ट्रॉनिक उपकरणों में से सबसे प्रचलित **मोबाइल** (Mobile) टेलीफोन सेट, संक्षेप में, **मोबाइल** जो विभिन्न आयु वर्ग के लोगों ने अपना जरूरत के अनुसार प्रयाग में लाते है। सामान्य टेलीफ़ोनिक वार्तालाप अलावा मोबाइल फोन को गीत - संगीत सुनने के लिये बहुत उपयोगी है। आज के दिन में बहुत कम लागत की मोबाइल फोन में भी **एफ़०एम** (FM) **रेडियो** और हेड फोन जैसी सुविधा उपलब्ध होते है, क्योंकि प्रमुख शहरों और उपनगरीय क्षेत्रों में, मोबाइल सेट में FM Radio की मांग बहुत ही जादा है।

दिल्ली, मुंबई कोलकाता जैसे शहरों में कमर्शियल एफ एम (FM) रेडियो का लगभग सभी प्रोग्राम लोगों को आकर्षित करते है। देश की बड़े शहर के लोगो ने, आपने निर्णय के अनुसार, जो भी विचार करते है, वह सही हो सकता है, पर पूरी देश की विचार में इस बात को परम सत्य के रूप में स्वीकार नहीं किया जा सकता है। मुझे लगता है इस विषय पर बहस करने के लिए पर्याप्त गुंजाइश आज भी है। बस, संक्षेप में इतना ही निष्कर्ष निकाला जा सकता है, "सरकारी विभागों द्वारा संचालित और प्रसारित रेडियो और टीवी कार्यक्रमों का अपना ही एक पहचान है, जिसको केबल सामान्य तर पर **लोकप्रियता** की आधर पर विचार नहीं किया जा सकते है।

भारत की विज्ञान प्रगति का इतिहास से हम जान सकते है कि, आज से करीब 95 साल पहले हमारे देश में रेडियो प्रसारण शुरू हुआ था। देश में **रेडियो ट्रांसमिशन** (Radio Transmission) के विषय में बातचीत होने से, भारतीय वैज्ञानिक जगदीश चन्द्र बोस की नाम जरुर लिया जाता है, क्योंकि उन्हने साल 1895 में उस समय की **ब्रिटिश बंगाल प्रदेश** (British Bengal Province) के गवर्नर उपस्थिति में सार्वजनिक रूप से वायरलेस रेडियो (Wireless Radio) कार्यप्रणाली का प्रदर्शन किया था।

ब्रिटिश शासन के दौरान **बंबई प्रेसीडेंसी रेडियो क्लब** (Bombay Presidency Radio Club) द्वारा **जुलाई 1923** में रेडियो ट्रंजमिशन की काम शुरू हुआ था। बाद में निजी संस्था **इंडियन ब्रोडकास्टिंग कंपनी लिमिटेड** (India Broadcasting Company Ltd) का स्थापना हुआ था और इस कंपनी को भारत की दो शहर में अपना दो **रेडियो स्टेशन** (Radio Station) स्थापना करने की अनुमति मिला था। इस ब्रोडकास्टिंग कंपनी द्वारा Bombay

(बर्तमान - मुंबई) में **23 जुलाई 1927** और Calcutta (वर्तमान कोलकाता) में **26 अगस्त 1927** का दिन से रेडियो प्रोग्राम की प्रसारण का कार्य शुरू किया गया था। अंग्रेज शासित भारत में **मद्रास प्रेसीडेंसी के रेडियो क्लब** (Madras Radio Club) ने लगभग एक ही समय पर जब Bombay और Calcutta में रेडियो प्रसारण शुरू हुआ था तब Madras (वर्तमान चेन्नई) में भी जैसा रेडियो स्टेशन का स्थापना किया था।

इंडियन ब्रॉडकास्टिंग कंपनी लिमिटेड तीन साल तक अपने रेडियो ऑपरेशन (प्रसारण) जारी रखा था लेकिन कंपनी की वित्तीय स्थिति खराब होने की कारण मार्च 1930 में इस कंपनी के परिसमापन हो गया था। देश में रेडियो ट्रांसमिशन की आवश्यकता पर विचार करके विभिन्न वर्गों के लोगो ने ब्रिटिश सरकार के पास देश में ब्रॉडकास्टिंग कंपनी की कामकाज चालू राखने के लिए आवेदन किया था। उस समय तत्कालीन स्थानीय ब्रिटिश सरकार, **1 अप्रैल 1930** इस कंपनी को दो साल के लिए अधिग्रहण किया था और **इंडियन स्टेट ब्रॉडकास्टिंग सर्विसेस** (Indian State Broadcasting Services - ISBS) नाम से एक नई कंपनी का स्थापन किया था। मई 1932 तक ब्रिटिश शासक द्वारा परिचालित एक सरकारी संस्थाना के रूप में प्रसारण सेवा प्रदान करता रहा इस दौरान कोलकाता और बॉम्बे में बेतार (Radio) प्रचार काफी लोकप्रिय हो गया था। 8 जून 1936 का दिन संस्थान की नाम **इंडियन स्टेट ब्रॉडकास्टिंग सर्विसेस** (ISBS) से बदल करके रखा गया **ऑल इंडिया रेडियो** (All India Radio - AIR), और आज भी इसी नाम से जाना जाता है।

पुरानी कलकाता की 1 No. गरिस्टीन प्लेस (Garistin Place) में पूरबी भारत का पहला और देश की की दूसरा रेडियो स्टेशन की स्थापना हुआ था। Calcutta Radio Station की स्थापना समारोह को उस समय की बंगाल

प्रेसीडेंसी के गवर्नर सर सनली जैक्सन औपचारिक रूप से उद्धाटन किया था और उस समय की कोई महान व्यक्तित्व, जैसा कि, दिनेंद्रनाथ ठाकुर, नृपेन्द्रनाथ मजूमदार, अंगुरबाला देवी, प्रफुल्ल बाला, कृष्ण चन्द्र दे, राइचन्द, बड़ाल मोनिलाल गंगोपाध्याय आदि लोगो ने भाग लिया था।

जब भी किसी रेडियो प्रोग्राम की लोकप्रियता के बारे में बातचीत होता है तब पूछा जाता है जैसा की, "कौन सा रेडियो स्टेशन की प्रोग्राम है? " "कब उस प्रोग्राम की संप्रचार शुरू हुआ? " कितने लोगो को यह प्रोग्राम पसंद आया ? ".... उस समय अगर बोला जाए "अल इंडिया रेडियो यानि **आकाशबानी** की एक रेडियो प्रोग्राम करीब 75 साल से चालू है...", हाँ, इस बात को विश्वास करने मुसकिल हो सकते है पर इये बिलकुल सच है, ये रेडियो प्रोग्राम है, **महिशासुरमर्दन्नी** जिसे आमतौर पर **महालया** कहा जाता है। 1932 साल मार्च महिना में कलकत्ता रेडियो स्टेशन से ईस रेडियो कार्यक्रम का प्रसारण का शुरुआत हुआ था, जब की उस समय "अल इंडिया रेडियो" नाम भी चालू नहीं हुआ था। **बसंती पूजा** व **अन्नपूर्णा पूजा** की उपलक्ष में जब पहली बार इस कार्यक्रम का प्रसारण हुआ था तब इसका नाम था **बसंतास्वारी**। अगले साल से ये रेडियो कार्यक्रम शारदिया दुर्गा पूजा की एक अभिन्न हिस्सा बन गया, शुरुआती दिनों के दौरान दो बार इसमे कुछ परिवर्तन हुआ था और 1937 से यह **महिशासुरमर्दन्नी** नाम से जाना जाता है। 1932 साल से श्री बिरेन्द्र कृष्णा भद्र, श्री बनी कुमार, श्री पंकज मल्लिक आदि प्रसिद्ध बंगाला संगीत व्यक्तित्व इस रेडियो कार्यक्रम के साथ विशेष रूप से जुड़े थे।

1939 में जब द्वितीय विश्वयुद्ध का शुरुआत हुआ था, उस समय की अंतर्राष्ट्रीय राजनीतिक परिस्थिति को विचार करके साथ में जर्मनी द्वारा किए

गए रेडियो समाचार की अधिप्रचार को मुकाबला करने के लिये, ब्रिटिश-भारतीय सरकार ने All India Raio (**ऑल इंडिया रेडियो**) की माध्यम से **अफगानिस्तान, ईरान** और **अरब** आदि देशों के लिए नियमित रूप से **बाहरी प्रसारण सेवा** (Foreign Broadcasting Services) चालू किया था। देश की आजादी से पहले, **ऑल इंडिया रेडियो** (AIR) का कुल नौ (Nine) रेडियो स्टेशनों जैसा की **दिल्ली, बॉम्बे, कलकत्ता, मद्रास, त्रिचूर्णपल्ली, लाहौर, ढाका** और **पेशावर** से प्रसारण सेवा चालू था। 14 वीं अगस्त 1947 (पाकिस्तान की स्वतंत्रता) के बाद, तीन रेडियो स्टेशनों अर्थात **लाहौर, पेशावर** और **ढाका** रेडियो स्टेशन नवगठित **पाकिस्तान ब्रॉडकास्टिंग कॉर्पोरेशन** (Pakistan Broadcasting Corporation), जिसे आमतौर पर **रेडियो पाकिस्तान** (Radio Pakistan) नाम से जाना जाता था, उसका एक अभिन्न अंशा बन गया था।

देश के स्वतंत्रता समय से आजतक सरकारी प्रचार माध्यमो **आकाशवाणी - ऑल इंडिया रेडियो** (AIR) **दूरदर्शन, प्रसार-भारती** अदि हर एक दिश में अपना महत्यपूर्ण भूमिका निभाया। आज का दिन में देश में 400 से अधिक रेडियो स्टेशनों (**आकाशवाणी भवन**) है, जहा से पूरी देश में 23 भाषाएँ और 146 बोलियों का कार्यक्रमों प्रसारण किया जाता है। पूरी देश में 45 से अधिक अलग अलग प्रसारण क्षमता की दूरदर्शन केंद्र है।

देश की आजादी के बाद भारत सरकार ने रेडियो स्टेशनों और रेडियो प्रसारण के विस्तार के लिए विशेष प्रयास किया था। रेडियो ट्रांसमिशन की जादा कवरेज के लिए देश की बहुत स्थान पर नया **रेडियो ट्रांसमीटर** और **रिले स्टेशनों** (Relay Station) की स्थापना किया था। देश की स्वतंत्र से पहले से ही देश

की बहुत हिस्सो में **रेडियो सीलोन** (Radio Cylon) का कार्यक्रम काफी लोकप्रिय था, हिन्दी फ़्लिमी संगीत प्रसारण में देश में यह रेडियो स्टेशन एक अलग पहचान बना लिया था। देश के लोगों को **रेडियो सीलोन** की प्रभाव से बाहर रखने के लिए **अल इंडिया रेडियो (आकाशबानी)**, 3 अक्टूबर 1957 का दिन **विविध भारती** नाम से एक **मनोरंजन या व्यावसायिक रेडियो चैनल** का परम्भ किया था।

आजादी के पहले से ही **अल इंडिया रेडियो** की **विदेश सेवा** (Foreign Broadcasting Services) चालू था पर बाद में इसी प्रयास को काफी महत्व दिया गया था। वर्तमान समय में अल इंडिया रेडियो अर्थात् आकाशवाणी से **15 भारतीय भाषा** के साथ कुल मिला के **27 भाषाओं** में नियमित रूप से कार्यक्रमों संप्रचार किया जाता है और इन रेडियो कार्यक्रमों को दुनिया भर में लगभग 108 देशों से सुना जा सकता है। विदेश में स्थित भारतियों के लिए अल इंडिया रेडियो की विदेश सेवा प्रभाग, **बंगला, गुजराती, मराठी, कोंकणी, कश्मीरी, हिंदी, कन्नड़, मलयालम, नेपाली, पंजाबी, सिंधी, तमिल, तेलुगु** और **उर्दू** आदि भाषा में कोई प्रकार की रेडियो प्रोग्राम पेश करते है। समय के साथ साथ, अल इंडिया रेडियो प्रगति पर आगे बढ़ने लगा पूरी देश में कोई रेडियो प्रोग्राम देश की लोगो का दिल में अपना जगह बना लिया। स्वतंत्रता के बाद से **रेडियो ट्रंजमिशन** की साथ देश में **टेलिविजन प्रोग्राम** (Television Programs) की संप्रचार के लिए अपना गतिविधियों तेज किया और **15 सितम्बर 1959** का दिन मामूली तौर पर एक **छोटे ट्रांसमीटर** और एक अस्थायी स्टूडियो के साथ देश **का पहले टेलिविजन प्रोग्राम** का आरम्भ हुआ था। 1965 से अल इंडिया रेडियो से नियमित रेडियो कार्यक्रम की अन्दर कुछ समय टेलिविजन प्रोग्राम को सामिल किया था। 1 अप्रैल, 1976 टेलिविजन

प्रोग्राम के लिए **सतंत्र संगठन** का स्थापना हुआ था तब से **आकाशवाणी (ऑल इंडिया रेडियो)** अलग-अलग महानिदेशकों के प्रबंधन के तहत अपना अपना काम करना शुरू किया था।

भले ही मैंने केवल एक-दो पृष्ठों का पत्र लिखने की योजना बनाये थे पर यह पत्र बहुत लंबा हो चुका है, मैं यहां और बढ़ना सही नहीं होगा, मैं यहां रोक रहा हूं, लेकिन मेरा पत्र लिखने की प्रक्रिया जारी रहेगी।

सभी शुभकामनाओं और आशीर्वाद के साथ, तुम्हारे - बाबा (पापा)

महिशासुरमर्दन्नी

1932 साल मार्च महिना में कलकत्ता रेडियो स्टेशन से प्रसारण का शुरुआत

आकाशवाणी (ऑल इंडिया रेडियो)

आकाशवाणी - देश की आवाज, एक नज़र में

दूरदर्शन - देश का अपना चैनल

जय माँ

15.06.2019
कोलकाता

प्यारी पुत्री दुर्गा,

अपने पहले पत्र में मैंने हमारी संस्था में **आकाशवाणी** या **ऑल इंडिया रेडियो** (All India Radio) और इस संगठन के शानदार इतिहास के बारे में उल्लेख किया है। अब मैं **दूरदर्शन** और इससे संबंधित घटनाओं के बारे में अपने जानकारों को साझा करने की कोशिश करूंगा। तुम्हें यह जानकर आश्चर्य होगा कि अब से **60 वर्ष** से अधिक समय पहले हमारे देश में टेलीविजन कार्यक्रमों का प्रसारण शुरू किया गया था जब की उस समय दुनिया में केवल कुछ ही देशों में टेलीविजन सेवाएं उपलब्ध था।

समय के साथ साथ, अल इंडिया रेडियो प्रगति पर आगे बढ़ाने लगा पूरी देश में कोई रेडियो प्रोग्राम देश की लोगो का दिल में अपना जगह बना लिया। मैंने मेरा पिछले पत्र में उल्लेख किया था कि स्वतंत्रा के बाद से रेडियो ट्रंजमिशन की साथ देश में टेलिविजन प्रोग्राम (Television Programs) की संप्रचार के लिए अपना गतिविधियों तेज किया था। **15 सितम्बर 1959** का दिन मामूली तौर पर एक **छोटे ट्रांसमीटर** और एक **अस्थायी स्टूडियो** के साथ देश का **पहेले टेलिविजन प्रोग्राम** का परम्भ हुआ था। **1965** से अल इंडिया रेडियो से नियमित रेडियो कार्यक्रम की अन्दर कुछ समय टेलिविजन प्रोग्राम को समिल किया गया था।

26 वें जनवरी 1967 से ऑल इंडिया रेडियो के **टेलीविजन इकाई,** पहली बार **कृषि-दर्शन** शीर्षक के साथ विशेष टेलिविजन कार्यक्रम का शुरुयात

किया था। 1972 में अल इंडिया रेडियो द्वारा **बंबई (वर्तमान - मुंबई)** और **अमृतसर** में दो टेलीविजन केंद्र की स्थापना हुई थी। साल 1975 तक देश की केवल सीमित भारतीय शहरों में टेलीविजन सेवा चालू था। **9 अगस्त 1975** का दिन **कोलकाता** के टोलीगंज में की एक **सिनेमा स्टूडियो (राधा स्टूडियो)** के अंदर कोलकाता दूरदर्शन केंद्र का स्थापना हुआ था। शुरू में कई साल तक **कोलकता दूरदर्शन** केंद्र का केवल **एक** ही **चैनेल** था और वह भी ब्लैक एंड वाइट (Black & White) ट्रांसमिशन के साथ। कई साल के बाद कोलकाता दूरदर्शन की **दो चैनल** चालू हुआ था। उन दिनों के दौरान, दो टेलीविजन चैनल को प्रचलित नाम था **चैनल - 4** और **चैनल -7** जो की तकनीकी तौर पर वह था **Band-I, Channel - 4** और **Band-III, Channel -7** जो की आमतौर पर कोई लोगो ने इससे TV का First Channel और Second Channel नाम से बोलते थे। वो दिन यह हर रोज केबल कुछ घंटे का लिए टीवी कार्यक्रम होता था और शुरुआत में उस दिन में प्रसारित होनेवाला कार्यक्रम का बारे में घोषणा किया जाता था।

1 अप्रैल, 1976 के दिन टेलिविजन प्रोग्राम के लिए सतंत्र संगठन का स्थापना हुआ था और तब से **आकाशवाणी (ऑल इंडिया रेडियो)** और **दूरदर्शन** अलग-अलग महानिदेशकों के प्रबंधन के तहत अपना काम करना शुरू किया था। 15 वीं अगस्त 1982 के दिन देश की प्रधानमंत्री श्रीमती इंदिरा गांधी ने दूरदर्शन का **राष्ट्रीय नेटवर्क-डीडी नेशनल (DD-National)** का उद्घाटन किया था। 1982 साल में दिल्ली में आयोजित **अंतरराष्ट्रीय खेल समारोह एशियाड (Asiad -1982)** की सही कवरेज के लिए दूरदर्शन की टेकनीकी क्षमता और आधुनिक बुनियादी सुविधाओं को बहुत ही आगे बढ़ाया गया था। जरा तुम सोचो, आज के दिन में दूरदर्शन की कुल 21 चैनल साथ में दो अखिल

भारतीय चैनलों, **डीडी-नेशनल** और **डीडी-न्यूज़,** (पहेला का नाम, **डीडी–मेट्रो**) शामिल है। दूरदर्शन की 11 क्षेत्रीय भाषाओं का **उपग्रह (सेटलाइट) चैनल** भी है। खेल चैनल (**डीडी-स्पोर्ट्स**) राष्ट्रीय और अंतर्राष्ट्रीय खेल और खेल सम्बंधित की घटनाओं की व्यापक कवरेज पर बहुत महत्व दिया था।

ऑल इंडिया रेडियो, आकाशवाणी, दूरदर्शन, डीडी-नेशनल, डीडी-बंगला, डीडी-स्पोर्ट्स, लोकसभा-टीबी, प्रसार-भारती आदि शब्दों से हम जरुर परिचित है, पर साथ में यह भी संभव है की, हमारे पास देश की सभी सरकारी प्रचार माध्यम के बारे में पूरी जानकारी न हो। देश के स्वतंत्रता समय से आजतक सरकारी प्रचार माध्यमो से हर एक दिशा में अपना महत्यपूर्ण भूमिका निभाया। आज का दिन में देश में 400 से अधिक रेडियो स्टेशनों **(आकाशवाणी भवन)** है, जहा से पूरी देश में **45** से अधिक विभिन्न प्रसारण क्षमता वाले **दूरदर्शन केंद्र** है। समय के साथ साथ, अल इंडिया रेडियो प्रगति पर आगे बढ़ने लगा पूरी देश में कोई रेडियो और टेलिविजन प्रोग्राम देश की लोगो का दिल में अपना जगह बना लिया। दूरदर्शन अपना सारे टेलिविजन प्रोग्राम की अधिक संप्रचार के लिए अपना गतिविधियों को तेज किया था।

दूरदर्शन की कई क्षेत्रीय भाषाओं का उपग्रह (सेटलाइट) चैनल भी चालू है। दूरदर्शन द्वारा परिचालित **लोकसभा टीवी (LSTV)** और **राज्यसभा टीवी (RSTV)** के पास ऑडियो विजुअल (Audio-visual) दस्तावेज़ का बहुत ही अच्छा संग्रह है। दूरदर्शन न केवल देश के अन्दर अपना टेलीविज़न प्रसारण सीमित रखा बल्कि करीब करीब पूरी दुनिया में टेलिविजन प्रोग्राम के विस्तार के लिए पूरी व्यवस्था की है। अभी **146 देशों** में दर्शकों दूरदर्शन का अधिकतर प्रोग्राम देखा जा सकते है, इस काम के लिए **डीडी-इंडिया** (पहले

डीडी-वर्ल्ड) का एक महत्वपूर्ण भूमिका है। नवंबर 2014 से दूरदर्शन समय समय पर **दूरदर्शन-देश का अपना चैनल** यह शीर्षक के साथ कुछ नए कार्यक्रम शुरू करते है। क्षेत्रीय भाषाओं और स्थानीय मुद्दों पर विभिन्न टेलीविजन कार्यक्रमों में प्रसारण करने के लिए आज के दिन में देश के सभी राज्यों की राजधानी में अपना टेलीविजन सेंटर (दूरदर्शन केन्द्र) है। आधुनिक तकनीकी उन्नति के साथ चलते हुए दूरदर्शन भी आगे बढ़ा है और उपग्रह टीवी नेटवर्क साथ में **केवल टीवी ऑपरेटरों** के माध्यम से देश की हर एक जगह से दूरदर्शन की टीवी चैनल उपलब्ध किया है। हम इंटरनेट के माध्यम से भी दूरदर्शन के विभिन्न टीवी कार्यक्रमों का आनंद ले सकता है और कुछ विशेष सॉफ्टवेर (Apps) डाउनलोड करके मोबाइल फोन / स्मार्ट फोन द्वारा दूरदर्शन की समाचार और बहुत सारे प्रोग्राम देख सकते है।

मेरा अंतिम दो पत्रों में आकाशवाणी और दूरदर्शन के बारे में मैनें लिखा है। उल्लेख करने के लिए बहुत सारे विषय है लेकिन यह यहाँ सब कुछ संभव नहीं है। तुम इंटरनेट (Internet) के माध्यम से खोज कर सकते हैं, तुम्हें पर्याप्त जानकारी मिलेगी। यह पत्र यहीं समाप्त होता है, आशा है की तुम्हारा समय अच्छा बिता रहे हो।

सभी शुभकामनाओं और आशीर्वाद के साथ तुम्हारे - बाबा (पापा)

सत्यम् शिवम् सुन्दरम्

दूरदर्शन - देश का अपना चैनल

हमने जो टेलीविजन सेट देखे

नवम एशियाई खेल दिल्ली
IX ASIAN GAMES
DELHI 1982

हमने टेलीविजन पर एशियाई खेलों का आनंद लिया

ये लोगो मुझे बहुत अच्छी तरह से ज्ञात हैं।

हमारा राष्ट्रीय ध्वज की यात्रा

जय माँ

05.07.2019
कोलकाता

प्यारी पुत्री दुर्गा,

मैंने मेरे पहले के पत्रों की तरह आज भी तुम्हें पत्र लिखने के लिए बैठा हूँ। मैंने अपने राष्ट्रीय ध्वज को कैसे अपनाया उस विषय पर लेख पत्र/लिखने की योजना बनाई है। हमारे देश के **स्वतंत्रता दिवस (15 अगस्त)** के विशेष अवसर को मनाने के लिए केबल कुछ सप्ताह बाकी हैं। तुम अपनी स्कूल के दिनों के दौरान जरूर अध्ययन कि थी किस दिन हमारा राष्ट्रीय ध्वज अपनाया गया था, हाँ, **22 जुलाई 1947** का दिन भारत के राष्ट्रीय ध्वज को संविधान सभा ने स्वीकार किया था।

स्वतंत्रता से पहले हमारा वर्तमान **राष्ट्रीय ध्वज** के रंग और गठन में कोई बार बदलाव आए मैंने संक्षेप में परिवर्तन के बारे में बताने के लिए कोशिश करूँगा। मुझे पता है, यह पत्र बहुत लंबा होगा क्योंकि कई बातें उल्लेख करने के लिए है। मुझे आज भी याद है, अभी बीस साल से अधिक समय गुजर गए, जब तुम पांच साल के भी नहीं थी, तब हमलोग गोवा का वास्को डि गामा (Vasco–da-gama) में रहते थे। उस अवधि में तुम दूसरों के साथ उस जगह का मतलब तब की **अंटार्कटिक स्टडी सेंटर (Antarctic Study Centre)** जो वर्तमान में **National Centre for Polar and Ocean Research (NCPOR)** के परिसर में स्वतंत्रता दिवस समारोह में हिस्सा लिये थे। उस अवसर पर तुम ने मुझसे पूछा था, "राष्ट्रीय ध्वज क्या कहलाता है ?", "स्वतंत्रता दिवस क्यों मनाया जाता है ?" हाँ, मैंने उस समय तुम्हें कुछ उपयुक्त उत्तर जरूर

दिये होंगे पर आज कुछ भी याद नहीं है। जैसा कि तुम जानती हो नई दिल्ली की महारानी बाग मैं स्थित साइंटिस्ट्स अपार्टमेंटस (CSIR- Scientistis Apartments, Maharani Bagh) में हमलोग लगभग 5 साल करीब रहे और उस अवधि में उस क्षेत्र (आश्रम, महारानी बाग, फ्रेंड्स कॉलोनी आदि इलाके) का **दुर्गा पूजा समिति** का साथ मेरा नियमित रूप से लगाव था। उस समय **हमारे राष्ट्रीय ध्वज** पर **अंग्रेजी में मेरा एक लेख** पुजा समिति की स्मारिका पुस्तिका में प्रकाशित हुआ था।

हमारे देश, भारत को स्वतंत्रता आंदोलन का एक बहुत लंबा और महत्वपूर्ण इतिहास है, लेकिन भारतीय राष्ट्रीय ध्वज या झण्डा की अवधारणा केवल पिछली शताब्दी की शुरुआत में विकसित हुई थी। समय की अवधि में, हमारा तिरंगा राष्ट्रीय ध्वज अपने वर्तमान आकार या विन्यास तक पहुचना में कोई महत्वपूर्ण परिवर्तनों के माध्यम से गुजरना पड़ा है । आजादी से करीब 42 साल पहले **स्वदेशी आंदोलन** के दौरान **1905** में ब्रिटिश भारत की **तत्कालीन राजधानी कलकत्ता (Calcutta)** में **पहला तिरंगा भारतीय राष्ट्रीय ध्वज** फहराया गया था, फहराया गया पहला राष्ट्रीय ध्वज हमारे वर्तमान तिरंगे राष्ट्रीय ध्वज से अलग था। स्कूल में पढ़ाई के दौरान तुम्हें पता चला था की जुलाई **1905** में भारत की ब्रिटिश सरकार **(लॉर्ड कर्जन)**, बेहतर प्रशासन के नाम पर **बंगाल प्रदेश** (Bengal Province) के **विभाजन** की अपनी योजना की घोषणा की, सभी राष्ट्रीय नेताओं ने इसका कड़ा विरोध किया और उन्होंने **7 अगस्त, 1905** को कलकत्ता के टाउन हॉल में एक आम सभा बुलाई। ब्रिटिश समान और उत्पादों के बहिष्कार के लिए आह्वान किया था। उस समय के दौरान **पहले राष्ट्रीय ध्वज** कोलकाता की पारसी बागान (ग्रीर पार्क) में फहराया गया

था। यह झंडा आयताकार तिरंगे की पट्टी से बना था। इस झंडे में इस्तेमाल किए गए रंग क्रमशः ऊपर से **लाल, गहरे पीले** और **हरे रंग** के थे। **उज्ज्वल सूरज** स्वतंत्रता का प्रतीक और **सफेद कमल** समृद्धि भारतीय परंपरा का प्रतीक क्रमशः शीर्ष बाएं कोने और ध्वज के शीर्ष दाएं कोने में रखी गई थी। अर्धचंद्र और एक तारे को निचली हरी पट्टी के मध्य भाग में रखा गया था। भारतीयों के राष्ट्रवाद भावना से जुड़ा शब्द **बंदेमातरम** देवनागरी में गहरे पीले रंग की पृष्ठभूमि में लाल रंग द्वारा लिखा गया था। प्रसिद्ध राष्ट्रवादी नेता श्री **सुरेंद्रनाथ बंद्योपाध्याय** ने इस पहले राष्ट्रीय ध्वज को फहराया। श्री बंद्योपाध्याय के सहयोगियों में से एक **श्री सचिन प्रसाद बोस** ने इस **ध्वज के नक़्शा** या डिजाइन किए थे।

इस पहले राष्ट्रीय ध्वज को फहराने के बाद, **भारतीय राष्ट्रीय कांग्रेस** ने नए राष्ट्रीय ध्वज का आकार दिया था, जहा पहले राष्ट्रीय ध्वज की मूल अवधारणा को अपरिवर्तित रखा गया था। इस नए झंडे में रंग पट्टियों का क्रम और राष्ट्रवाद के प्रतीक बदल दिए गए थे। नए झंडे में **हरे / गहरे हरे रंग की पट्टी को शीर्ष** पर और **निचले स्तर पर लाल रंग को स्थापित** किया गया था। आठ नंबर सफेद कमल शीर्ष हरे रंग की पट्टी में चिह्नित किए गए थे। लाल पट्टी में चमकदार **सूरज** बाएं कोने पर और दाहिने कोने में **अर्धचन्द्र और एक तारा** था। बीच की पट्टी अपरिवर्तित रहती है। यह झंडा पहली बार **कोलकाता में 1906 में** आयोजित **भारतीय राष्ट्रीय कांग्रेस के 22 वें सत्र में** फहराया गया था। जैसा कि भारतीय राष्ट्रीय कांग्रेस ने विभिन्न अवसरों पर देश में विभिन्न स्थानों पर इस ध्वज को फहराया, इस कारण से ध्वज को भारत का पहला राष्ट्रीय ध्वज बताया जाता है।

स्वामी विवेकानंद की शिष्या **सिस्टर निवादिता** भारतीय राष्ट्रीय ध्वज की आवश्यकता महसूस की थी और **1904** में उन्होंने भारतीयों के पारंपरिक

मूल्यों के आधार पर राष्ट्रीय ध्वज की अवधारणा की। उसने ज्योति और **वज्र** (Thunder bolt) के प्रतीक के साथ एक **चौकोर** (Square) आकार का **लाल रंग का राष्ट्रीय ध्वज विकसित** किया सभी लाल पृष्ठभूमि में पीले रंग में **एक कमल** था। इस ध्वज में इस्तेमाल किए गए रंग और प्रतीक बहुत महत्वपूर्ण थे, स्वतंत्रता का प्रतीक **लाल, पीला** जीत या विजय और सफेद शक्ति का प्रतीक हिसाब से लिया गिया था, **कमल** को भारतीयों की पवित्रता और विरासत को निरूपित करने के लिए इस राष्ट्रीय ध्वज पर स्थापन किया गिया था। इस ध्वज अंदर राष्ट्रवाद का आवाज **बंदेमातरम** बंगला में लिखा गया था।

लगभग उसी समय तब की अनिवासी भारतीयों ने यूरोप के विभिन्न स्थानों पर मातृभूमि भारत का दूसरे प्रकार का राष्ट्रीय ध्वज फहराया थे। विदेश में प्रसिद्ध भारतीय क्रांतिकारी हैं और **फ्रांसी की सोशलिस्ट पार्टी** (Socialist Party of France) के सदस्य **विकीजी रूस्तमजी कामा (मैडम कामा)** ने स्टटगार्ट में अंतर्राष्ट्रीय समाजवादी कांग्रेस में भाग लिया और पहली बार **1907** में **22** अगस्त को पेरिस (Paris) में **विदेशी धरती पर तिरंगा भारतीय राष्ट्रीय ध्वज** फहराया थे। **1906** में कोलकाता में जिस प्रकार की ध्वज पहले बार राष्ट्रीय ध्वज हिसाब से फहराया गया था उसका जैसा ही था। इस ध्वज में आठ सफेद कमल के बजाय सात सफेद सितारे और विशेष रूप से डिज़ाइन किए गए कमल को शीर्ष हरे रंग की पट्टी में रखा गया था, मध्य और नीचे की पट्टी अपरिवर्तित रखा गिया था। इस ध्वज को **मैडम कामा** और उनके सहयोगियों, **वीर सावरकर** और **श्यामजी कृष्ण वर्मा** द्वारा डिजाइन किया गया था और **हेम चंद्र दास (कानूनगो)** द्वारा तैयार किया गया था। प्रथम विश्व युद्ध के दौरान, जर्मनी में भारतीय क्रांतिकारियों ने ध्वज में मामूली संशोधन करके अपनाया थे।

गदर पार्टी (बाद में **हिंदुस्तान गदर पार्टी**), भारत के बाहर सन **1913** में अमेरिका (USA) का फ्रांसिस्को में स्थापित हुआ था और एक प्रकार का तिरंगा राष्ट्रीय ध्वज विकसित किया है जिसमें हरे, पीले और लाल रंग के बीच में तलवारें का प्रतीक लगाए थे। उस समय USA (अमेरिका) और दुनिया के अन्य हिस्सों में भारतीय क्रांतिकारियों ने इस ध्वज का उपयोग किया गया था और अमेरिका, जर्मनी, मेसोपोटोनिया में विभिन्न स्थानों पर इस ध्वज को फहराया गया। यह उपलब्ध जानकारी के अनुसार बोला जा सकता है की **ग़दर पार्टी** ने अफगानी लोगों से समर्थन पाया और **अफगानिस्तान** में **1915** में **आज़ाद भारत** की **पहली अंतरिम सरकार** बनाई और काबुल में **अर्धचंद्र और तारा** के प्रतीक के साथ तिरंगा फहराया थे।

होम रूल आंदोलन के समय तीसरे प्रकार के राष्ट्रीय ध्वज को अपनाया गया था। मध्यम और चरमपंथी क्रांतिकारियों को एक साथ लाने के लिए **श्रीमती एनी बसंत** के सुझाव पर भारतीय राष्ट्रीय कांग्रेस की बॉम्बे सत्र में चरमपंथियों को सदस्यता प्रदान किया गया था। **ब्रिटिश कॉमन वेल्थ** (British Common Wealth) के भीतर **पूर्ण स्व-सरकार** (Self Government) के प्रति प्रतिबद्धता के कारण, इस झंडे पर एक अर्धचंद्र और तारे के साथ सात तारे और छोटे आकारों के **यूनियन जैक** (ब्रिटिश राज का राष्ट्रीय ध्वज) को इस ध्वज के शीर्ष बाएं कोने में रखा गया था। लेकीन यूनियन जैक की उपस्थिति के कारण, इस ध्वज पर ब्रिटिश साम्राज्य का प्रतीक यह भारतीयों द्वारा पूरी तरह से स्वीकार्य नहीं था; इस प्रकार इस ध्वज का जीवन काल बहुत कम था। सामाजिक और सांस्कृतिक परंपराओं में व्यापक विविधता के कारण देश के विभिन्न हिस्सों के लोगों ने विभिन्न रंगों और प्रतीकों के संयोजन के साथ राष्ट्रीय ध्वज फहराए थे।

यह सच था की यह झंडा अलग-अलग स्थानों पर दिखने में भिन्न थे लेकिन राष्ट्रवाद की मूल अवधारणा अपरिवर्तित है।

दक्षिण अफ्रीका से वापस लौटने के बाद वे **1915** में गांधीजी भारत में सत्याग्रह आंदोलन में शामिल हुए। उसी समय नए राष्ट्रीय ध्वज की आवश्यकता देखी गई। **1928** तक ब्रिटिश साम्राज्यवाद के खिलाफ एक नए चरण में गांधी के **सत्याग्रह आंदोलन** में प्रवेश किया, गांधी के ब्रिटिश सामानों, विशेष रूप से कपड़ों का बहिष्कार करने का आह्वान किया गया था और उनका व्यापक रूप से पालन किया गया था। स्वतंत्र आंदोलन से प्रभावित आंध्र के मसुलीपट्टनम के एक प्रेरित युवा **पिंगले वेंकैया** ने गांधीजी को **चरखा** के साथ लाल और हरे रंग के साथ राष्ट्रीय ध्वज के डिजाइन को प्रस्तुत किया। गांधी ने मध्य हरे रंग की पट्टी में सफेद चरखे और सफेद, हरे और लाल रंगों (ऊपर से क्रम में) के साथ एक ध्वज का सुझाव दिया। कांग्रेस कमेटी ने बाद में रंगों के क्रम को **सफेद, लाल** और **हरे रंग** में बदल दिया। और यही वह झंडा था जिसे पंडित नेहरू ने **26 जनवरी 1930** को वर्तमान में पाकिस्तान के **लाहौर** में रावी नदी के तट पर भारतीय राष्ट्रीय कांग्रेस के 45 वें सत्र के दौरान फहराया था। लाहौर में **पूर्ण स्वराज** की मांग के लिए प्रस्ताव पारित किया गया था। **26 जनवरी 1930** को पूरे भारत में और उस दिन **स्वतंत्रता दिवस** मनाया गया। यह महत्वपूर्ण है भारतीय राष्ट्रीय कांग्रेस के विचारों और सिद्धांतों के आधार पर डिजाइन किया तिरंगा झंडा **31** दिसंबर **1929** की मध्यरात्रि को जवाहरलाल नेहरू **लाहौर** के रावी नदी के किनारे में फहराया थे। इस राष्ट्रीय ध्वज के रंग क्रमशः ऊपर से **सफेद, लाल** और **हरे** थे। रंग की समानांतर पट्टियों की अंदर लाल पट्टी पर एक सफेद रंग की **खादी चरखा** को मुद्रित किया गया था, जो उन्नति और आत्म भरोसा के प्रतीक के रूप में था।

यह ध्वज भारत का चौथा प्रकार का राष्ट्रीय ध्वज था। किसी स्थान पर ध्वज को थोड़े-थोड़े संशोधन के साथ फहराया गया था, यहाँ **सफेद चरखा** को लाल हिस्से में रखने के बजाय केवल कुल ध्वज के केंद्र में बड़े आकार में मुद्रित किया गया था। कुछ ही समय में भारतीय राष्ट्रीय कांग्रेस ने इस झंडे में कुछ बदलाव किए। उन्होंने **लाल** रंग को **केसरिया (केसरी)** से बदल दिया था और उन्होंने रंग की पट्टियों के क्रम को भी बदल दिया था। पहले रंग की पट्टियों क्रम ऊपर से नीचे तक सफेद, लाल और हरा होता था, फिर संशोधन पर रंग का क्रम ऊपर से क्रमशः **केसरिया, सफेद** और **हरा** हो गया था, लेकिन चरखा की स्थिति केवल खादी के रंग से अपरिवर्तित रहती है चरखा सफेद से गहरे **नीले** रंग में बदल गया।

राष्ट्रीय ध्वज का यह पांचवा संस्करण था। विभिन्न राष्ट्रीय आंदोलनों जैसा **सत्याग्रह, नॉन वॉयलेंस नॉन को-ऑपरेशन** (Non-Violence Non Cooperation), **भारत छोड़ो, दिल्ली चोलो**... आदि में यह राष्ट्रीय ध्वज भारतीयों के लिए महान देशभक्ति का प्रतीक था। इस तिरंगे झंडे ने दो दशकों में भारतीयों के बीच पूर्ण स्वतंत्रता की महान लहरों का प्रचार किया। रंगों का चयन और क्रम पर विभिन्न व्याख्या करने के लिए **1931** में एक **झंडा समिति** को **सीतारमैया** के संयोजक के रूप में संयोजक नियुक्त किया गया। लाल को केसर द्वारा बदल दिया गया था, शीर्ष पर रखा गया था; एक गहरे नीले रंग के चरखे के साथ एक सफेद बैंड और हरा रंग अपरिवर्तित रहा। यह ध्वज आजादी से ठीक पहले तक जारी रहा जब एक विशेष रूप से गठित **राष्ट्रीय ध्वज समिति** ने **सारनाथ** के **अशोक चक्र** में परिवर्तन किया।

इस तिरंगे झंडे के स्पंदन ने अंततः **15 अगस्त 1947** को ब्रिटिश शासन से भारत की स्वतंत्रता ला दी। वर्तमान भारत के संविधान को **22 जुलाई**

1947 में भारत की संविधान सभा ने अपनाया था और उस समय एक बार फिर संशोधन किया गया था **राष्ट्रीय ध्वज खादी** को एक **नीला चक्र** प्रतिस्थापित किया गया था।

वर्तमान राष्ट्रीय ध्वज **छठा प्रकार** का राष्ट्रीय ध्वज है। इस झंडे में तीन क्षैतिज तिरंगे धारियां हैं - **शीर्ष पर गहरी केसरिया (केसरी),** बीच में **सफेद** और सबसे नीचे गहरे **हरे रंग** की धारियां समान अनुपात में हैं। झंडे के सफेद अंश के अंदर में एक नीला चक्र यह अशोक के सारनाथ शेर की पर **धर्म चक्र** का एक सटीक उत्पादन है। ध्वज की लंबाई की चौड़ाई का अनुपात दो से तीन है। हमारे राष्ट्रीय ध्वज के रंग बहुत महत्वपूर्ण हैं। रंग **केसर (केसरी / गौरी)** साहस और परित्याग के विचार का प्रतिनिधित्व करता है, **सफेद** को सच्चाई और शांति के विचार का प्रतिनिधित्व करना है, भारतीयों की वीरता का प्रतिनिधित्व करने के लिए गहरा **हरा रंग। 24 प्रवक्ता वाला नीला रंग चक्र** मानवता अंतर्राष्ट्रीय भाईचारा, धार्मिक सहिष्णुता, हर पल में उचित उन्नति के विचार का प्रतिनिधित्व करता है।

इस ध्वज को संविधान सभा ने **22 जुलाई 1947** को स्वतंत्र भारत के राष्ट्रीय ध्वज के रूप में स्वीकार किया था। 14 अगस्त 1947 की देर शाम को स्वतंत्रता दिवस पर संविधान सभा के सभी सदस्य **काउंसिल हाउस** के केंद्रीय कक्ष में एकत्रित हुए थे। (संसद भवन) दिल्ली में समर्पण की शपथ लेने के लिए और बाद में श्रीमती हंसा मेहता ने संविधान सभा के अध्यक्ष डॉ: राजेन्द्र प्रसाद को तिरंगा राष्ट्रीय ध्वज भेंट किया। **15 अगस्त** की सुबह नई भारत सरकार ने वर्तमान राष्ट्रपति भवन के डाबर हॉल में शपथ ग्रहण की और 10.30 बजे पहली बार स्वतंत्र भारत के आकाश में **तत्कालीन काउंसिल हाउस** के ध्वज मस्तक पर फहराया गया। सार्वजनिक ध्वज प्रणाम समारोह के एक हिस्से के रूप में दोपहर

में, पहले **प्रधानमंत्री जवाहरलाल नेहरू** ने इंडिया गेट के पास प्रिंस पार्क में राष्ट्रीय ध्वज फहराया, अगले दिन यानी **16 अगस्त** की सुबह **8.30** बजे नेताजी सुभाष चंद्र बोस की अनुपस्थिति में महान नेताओं की तरह जिन्होंने जीवन भर इस पल के लिए सपने देखे थे। **लाल किला** (Red Fort) की प्राचीर पर पहली बार तिरंगा राष्ट्रीय ध्वज चढ़ा।

यह बहुत लंबा पत्र है, मुझे यहां रुकना होगा। वर्णन करने के लिए बहुत कुछ है पर अभी नहीं, मेरा मानना है मुझे बाद में इस प्रकार की लेख के लिए समय जरूर मिल जाएगा।

सभी शुभकामनाओं और आशीर्वाद के साथ तुम्हारे - बाबा (पापा)

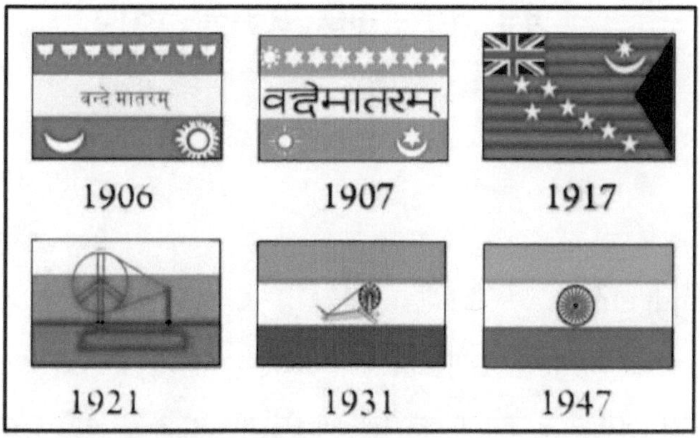

हमारे राष्ट्र ध्वज में उल्लेखनीय परिवर्तन

जब तब - कुछ सवाल-जवाब

जय माँ

08.11.2019

कोलकाता

प्यारी पुत्री दुर्गा,

मुझे आशा है कि तुम बिल्कुल ठीकठाक हो और तुम उपलब्ध समय को अपने तरीका से उपयोग कर रही हो। मैंने एक महीने से अधिक समय के अंतराल के बाद तुम्हें पत्र लिखना शुरू किया हूँ। मुझे नहीं लगता कि पत्र लिखने में देरी के कारण का उल्लेख करना आवश्यक है, हम सभी लोग इस वर्ष (2019) के महान **उत्सव** के विभिन्न गतिविधियों में व्यस्त रखे थे। यह महत्वपूर्ण है कि तुम **दीवाली** और **काली पूजा** के दौरान हमारे साथ कुछ दिन बिताए, हमे बहुत ही अच्छा लगा था।

वर्तमान समय में हर एक कुछ बहुत तेजी से बदल रहे है। कुछ घाटनाएँ घट जाने के कुछ अधिक समय निकाल जाने से सभी चीज को सही क्रमिक ढंग से याद करना आसान नहीं होता है। ऐसे स्थिति में हम महसूस करते हैं कि, सिर्फ कुछ सुराग या संकेत मिल जाय, तब हमारी याद तुरंत ही ताजा हो जाएगा और आसानी से सभी **मिसिंग लिंक** मिल जायगा। कुछ सामाजिक या पारिवारिक बार्तालाप में हम इस तरीके से बताया जाता है, *"जब हमलोग **गोवा** में रहते थे तब हावड़ा से वास्क-दा-गामा तक कोई सीधी ट्रेन नहीं थी।"*, *"जब हम दिल्ली में रहते थे तब दिल्ली मेट्रो रेल चालू नहीं हुआ था तब मेट्रो रेल का केबल कुछ कामकाज का शुरुआत हुआ था...।"*, *"जब हमने पहेले बार माता विष्णुदेवी के दर्शन किए, तब यह शारदीय नवरात्रि का समय था।"*, यहाँ सभी बाक्य की

शुरुआत हो रहे है **जब** शब्द द्वारा और इस के बाद मे दूसरा शब्द **तब** की प्रयाग से बातों को सम्पूर्ण किया जाता है। इस तरह से कई बातचीत में हम **अतीत** को **वर्तमान समय पर** लाने की कोशिश करते है। हमारी भावनाओं को सही तरीके से वर्णन करने के लिए **जब** और **तब** जैसा शब्दों काफी महत्वपूर्ण है। यहाँ पर कुछ ऐसा सवाल रखा गया जो **हमारे देश की अतीत से संबंधित** हैं, और हर एक सवाल **जब** शब्दो द्वारा प्रारम्भ हुआ है। यह बात निश्चित है, सभी सवाल का जवाब देने से **तब** शब्दो का प्रयोग जरूर होगा। पहले सिर्फ नीचे दिए गए सवालों को देखें, और **अपना आप सही जवाब सोंचे,** जो भी है आप का जबाब, बाद में दिये गये गिया **सवाल-जवाब** से तुलना कर लेना। हो सकता है सुराग या संकेत की हिसाब से दिया गिया अलग अलग घटना से समांधित चित्र याद करना कुछ आसान कर दे सकते है। तुम्हारे लिए **सवाल** इस प्रकार की है, सोच करके सही जवाब देना होगा।

सवाल

1) जब कलकत्ता में वर्तमान **प्रेसीडेंसी विश्वविद्यालय** तथा पहले का **प्रेसीडेंसी कॉलेज** स्थापित हुआ था तब इसका नाम क्या था ?
2) जब **स्वामी विवेकानंद** शिकागो **विश्व धर्म महासभा** में भाग लेने के लिए सफर कर रहे थे तब जहाज में एक बहुत ही प्रसिद्ध भारतीय उद्योगपति के साथ लंबी बातचीत हुई थी वह व्यक्ति कौन थे ?
3) जब 1913 **में रवीन्द्रनाथ टैगोर** को साहित्य के लिए **नोबेल पुरस्कार** मिला था तब तत्कालीन ब्रिटिश भारत का **वायसराय** (Viceroy) कौन था ?

4) जब **डॉ सी वी रमन** ने कोलकाता में **इंडियन असोशिएशन फॉर द काल्टिभिसान ऑफ साइन्स** (Indian Association for the Cultivation of Science) में वैज्ञानिक अनुसंधान के काम पर शामिल थे तब उन्हेने किस **विश्वविद्यालय** के साथ संयुक्त रहे ?

5) जब **15** अगस्त **1947** को ब्रिटिश शासन से भारत को आजादी मिली और भारतीय राष्ट्रीय ध्वज उल्लास के साथ दिल्ली में फहराया गया था तब **महात्मा गांधी** कहाँ थे ?

6) **1947** में जब पंडित जवहरलाल नेहरू ने स्वतंत्र भारत के प्रथम प्रधानमंत्री बने थे तब **केन्द्रीय शिक्षा** और **केन्द्रीय उद्योग** मंत्री कौन कौन थे**?**

7) जब **1971** में भारत पाकिस्तान युद्ध के करण बांग्लादेश का गठन हुआ था तब भारत के **केंद्रीय रक्षा मंत्री** कौन थे**?**

8) जब पहली भारतीय उपग्रह आर्यभट्ट कक्षा में स्थापित हुआ था तब इसरो **(ISRO)** के अध्यक्ष **(Chairman)** कौन थे **?**

सवाल - जवाब

1) कोलकाता की वर्तमान **प्रेसीडेंसी विश्वविद्यालय** (Presidency University) जो सामान्यत प्रेसीडेंसी कॉलेज (Presidency College) के नाम से जाना जाता है वह **20 जनवरी 1817** को राजा राम मोहन राय, राजा राधाकान्त देव, बाबू बुद्धिनाथ मुखर्जी, डेविड हाएर, सर एडवर्ड हाइड आदि उस समय की प्रमुख ब्यक्तियों द्वारा स्थापित हुआ था। प्रारंभ में यह कॉलेज सामान्य रूप से प्रगतिशील और समृद्ध हिंदू परिवार की छात्रों के लिए निधारित था और इस लिए यह कॉलेज को **हिन्दू महापठशाला / हिन्दू महाबिद्यालय** तथा **हिन्दू कॉलेज** के नाम से नामांकित किया गिया था। जहां पर गैर हिंदू छात्रों के प्रवेश के लिए कोई प्रतिबंध नहीं थी। स्थापना के समय से 1855 तक **हिन्दू कॉलेज** के नाम का ही इस्तेमाल होता था। 1855 साल से इस कॉलेज, पहले **बंगाल प्रेसीडेंसी कॉलेज** (Bengal Presidency College) और बाद में **प्रेसीडेंसी कॉलेज,** कलकाता /Presidency College Calcutta के हिसाब से प्रचलित हुआ।

राजा राम मोहन राय

प्रेसीडेंसी कॉलेज, कोलकाता

2) शिकागो (अमेरिका) में आयोजित **विश्व धर्म महासभा** (Parliament of World's Religion) में भाग लेने के लिए स्वामी विवेकानंद 1893 साल की 31 मई को बंबई (Bombay) पोर्ट से यात्रा की शुरुयात किए थे। **बंबई से शिकागो** जाने के समय उन्होने जापान में विभिन्न स्थानों जैसा, नागासाकी, ओसाका, याकोहमा, काइटो टोक्यो, का दौरा किया। याकोहमा से वह कनाडा के लिए एक दूसरे जहाज (RMS – Empress) में सफर की, यात्रा के इस भाग के दौरान वह एक भारतीय उद्योगपति **श्री जमशेदजी, एन, टाटा,** जिन्होंने व्यावसायिक उद्देश्य के लिए शिकागो जा रहे थे उनके के साथ मुलाकात हुआ था। इस दौरान बातचीत में स्वामी विवेकानंद ने जमशेदजी को भारत में प्रमुख औद्योगिक संयंत्रों स्थापित करने के लिए प्रेरित किया था और उनसे अनुरोध किया भारत में उच्च शिक्षा के लिए शैक्षणिक संस्थान स्थापित करने का। स्वामीजी के साथ इस लंबी बातचीत परिणाम स्वरूप जमशेदजी टाटा **छोटोनागपुर / बिहार** की **कलीमटी गांव** (वर्तमान झारखंड की जमशेदपुर शहर) में भारत का पहला लौह एवं इस्पात संयंत्र (Tata Iron & steel Company) की स्थापना की। स्वामी विवेकानंद की प्रेरणा से जमशेदजी टाटा के द्वारा

स्थापित बंगलोर (बेंगलूर) की भारतीय विज्ञान संस्थान, (Indian Institute of Science) देश के लिए एक महात्यपूर्ण योगदान है।

विश्व धर्म महासभा, शिकागो (अमेरिका)

स्वामी विवेकानंद

जमशेदजी एन

भारत का पहला लौह एवं इस्पात संयंत्र

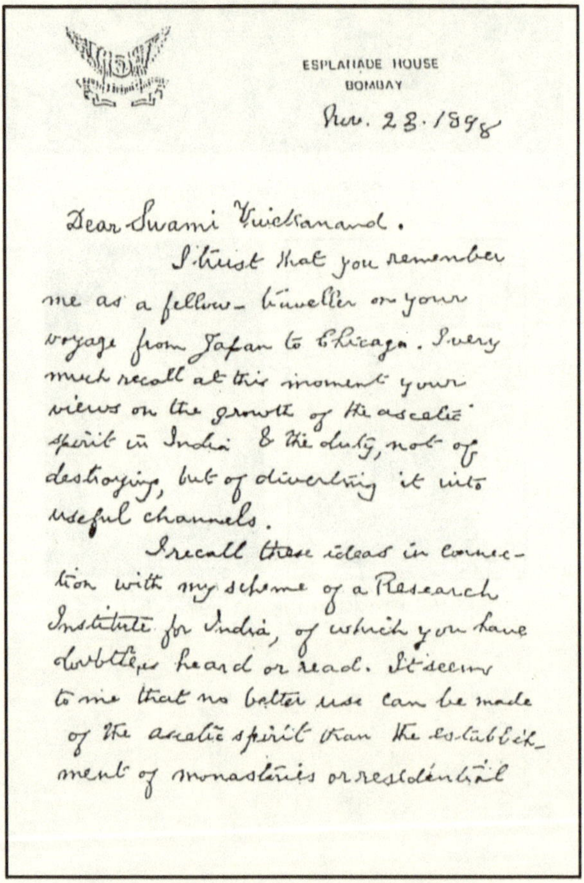

ESPLANADE HOUSE
BOMBAY

Nov. 23. 1898

Dear Swami Vivekanand.

I trust that you remember me as a fellow-traveller on your voyage from Japan to Chicago. I very much recall at this moment your views on the growth of the ascetic spirit in India & the duty, not of destroying, but of diverting it into useful channels.

I recall these ideas in connection with my scheme of a Research Institute for India, of which you have doubtless heard or read. It seems to me that no better use can be made of the ascetic spirit than the establishment of monasteries or residential

स्वामी विवकानंद को जे, एन, टाटाजी का पत्र

भारतीय विज्ञान संस्थान (Indian Institute of Science) बंगलोर

3) 1913 में रवींद्रनाथ टैगोर को उनकी प्रसिद्ध बंगला संगीत पुस्तिका **गीतांजलि** की **अंग्रेजी संस्करण** के लिए साहित्य में **नोबेल पुरस्कार** से सम्मानित किया गया था। उस समय रवींद्रनाथ टैगोर ही भारत से इस प्रकार की प्रतिष्ठित पुरस्कार प्राप्त करनेवाला पहले बयक्ति थे। उस समय **चार्ल्स हार्डिंग** (Charles Hardinge) ब्रिटिश भारत के **वायसराय** (Viceroy) थे उनका कार्यकाल 1910 से 1916 के दौरान **रवींद्रनाथ टैगोर** को नोबल पुरस्कार के अलावा बहुतसारे महात्यपूर्ण घटनाएँ भारत तथा पूरी विश्व में घटी, जैसा पहला बिश्वयौध (First World War) का परंभ हुआ था, ब्रिटिश इंडिया की राजधानी कोलकाता (Calcutta) से दिल्ली (Delhi) मैं स्थानातरित होना आदि।

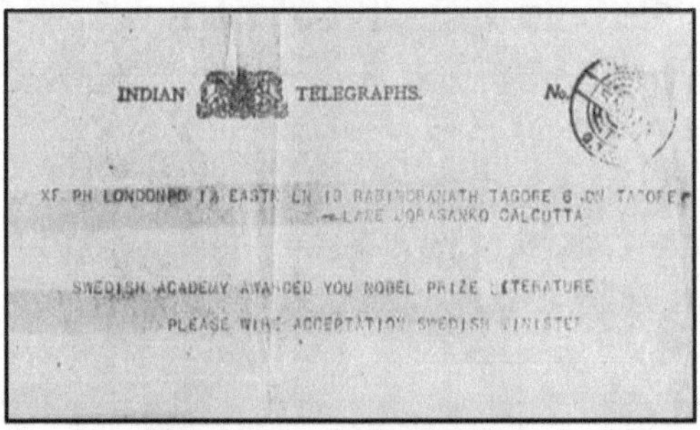

INDIAN TELEGRAPHS. No.

XF PH LONDONPO TA EASTN LN 10 RABINDRANATH TAGORE 6 DW TAGORE
LANE JORASANKO CALCUTTA

SWEDISH ACADEMY AWARDED YOU NOBEL PRIZE LITERATURE
PLEASE WIRE ACCEPTATION SWEDISH MINISTER

गीतांजलि की अंग्रेजी संस्करण के लिए साहित्य में नोबेल पुरस्कार

के वायसराय - चार्ल्स हार्डिंग

4) **डॉ चंद्रशेखर वेंकट रमन** (Dr C V Raman) **मद्रास विश्वविद्यालय** से विज्ञान में स्नातकोत्तर पूरा करने के उपरांत एक सरकारी नौकरी की थी और बाद में वह नौकरी छोड़ कर 1917 में कलकत्ता पहुंचा उस समय उन्हे **कलकत्ता विश्वविद्यालय** (University of Calcutta) विश्वविद्यालय की **भौतिकी विज्ञान की पालित के प्रोफेसर** (Palit Professor for Physics) पद में नियुक्त किया था। उसी दौरान डॉ सी वी रमन ने **इंडियन असोशिएशन फॉर द काल्टिभिसान ऑफ साइन्स** (Indian Association for the Cultivation of Science) में वैज्ञानिक अनुसंधान की काम के साथ युक्त हो गये थे। अपने वैज्ञानिक अनुसंधान की काम लिए उन्हे **1930** साल में **भौतिकी विज्ञान** के लिए **नोबेल पुरस्कार** (Nobel Prize) प्राप्त हुआ था।

डॉ चंद्रशेखर वेंकट रमन

इंडियन असोशिएशन फॉर द काल्टिभिसान ऑफ साइन्स

5) 15 अगस्त 1947, भारत एक स्वतंत्र देश के रूप में आत्मप्रकाश किया था पूरी देश की कई महत्वपूर्ण राजनीतिक हस्तियों दिल्ली में विभिन्न समारोहों में भाग लेने के लिए मौजूद हुए थे लेकिन महात्मा गांधी ने आजादी के विशेष दिन को उल्लास के साथ नहीं बिताए थे। उन्हेने 15 अगस्त से कुछ दिन पहेले (12 अगस्त 1947) कलकत्ता में पहूछे थे। तब पिछले कुछ महीनो से पूर्ब बंगाल की कई स्थानों पर हिंदुओं और मुसलमानों के बीच सांप्रदायिक संघर्ष की कारण एक असामान्य स्थिति बनी हुई थी, गंघीजी ने सांप्रदायिक सदभाव कायम रखने के लिए पुर्ब बंगाल में जाने का मन बनाए थे।, 14 अगस्त 1947 का दिन कलकत्ता मारवाड़ी क्लब में आयोजित एक छोटे सार्वजनिक सभा में गांधीजी ने अपना दुख प्रकट करते हुआ कहा 14 अगस्त को मध्य रात से भारत अंग्रेजों की गुलामी से मुक्त हो जाएगा; लेकिन देश को दो टुकड़ों में काँट दिया जाएगा।“ गांघीजी ने अपने हिसाब से इस तरह के कार्यों से दूर रखा था। 15 अगस्त 1947 को गांधी जी ने **कोलकाता** शहर की **बेलेघाटा** मे मुस्लिम आबादी से भरा हुआ मियाँ बागान की

हायदेरी मंजिल (अभी – **गांधी भवन**) में दिनभर उपवास, पार्थना और चरखा चलना आदि काम के साथ समय बिताए थे । उस दिन उन्होंने दिल्ली में समारोह में भाग लेने के बिषय में कोई औपचारिक संदेश जारी नहीं किया था। गंघीजी ने **12 अगस्त से 6 सिताम्बर 1947 तक कोलकाता शहर में रहे थे।**

हायदेरी मंजिल (अभी– गांधी भवन) बेलेघाटा, कोलकाता

6) 15 वीं अगस्त 1947 को पंडित जवहरलाल नेहरू स्वतंत्र भारत के पहले मंत्री बने थे उन्हेने 17 सदस्यों के मंत्रियों परिषद का गठन किया था। मंत्रियों परिषद की सदस्य की चयन भारतीय राष्ट्रीय कांग्रेस (Indian National Congress) और उस समय के अन्य राजनीतिक दलों से किया था। मंत्रियों के इस परिषद में भारतीय राष्ट्रीय कांग्रेस के **मौलाना अबुल कलाम आजाद** को **केन्द्रीय शिक्षा मंत्री** (Minister of Education) की पदभार सोंफा था और हिंदू महासभा के प्रतिनिधि **श्री श्यामा प्रसाद मुखर्जी** को **केन्द्रीय उद्योग एवं आपूर्ति मंत्री** (Minister of Industry & Supplies) के रूप में चुना गिया था।

अबुल कलाम आजाद

श्यामा प्रसाद मुखर्जी

7) अगस्त 1947 के बाद से, वर्तमान बांग्लादेश की भूमि पाकिस्तान का अभिन्न हिस्सा था और इसे पूर्वी पाकिस्तान (East Pakistan) के रूप में बुलाया जाता था। बहुत समय से इस हिस्से के लोगों, पाकिस्तान के संबंधों से मुक्ति होने के लिए जन आंदोलनों संगठित किया था । मार्च **1971** में पाकिस्तानी सरकार पूर्वी पाकिस्तान के विभिन्न स्थान पर प्रमुख सैनिक कार्रवाई शुरू किया था और एक बहुत ही असामान्य स्थिति उत्पन्न हो गई थी उन कुल अराजकता के कारण लाखों लोगों आम लोगों देश की अंतर्राष्ट्रीय सीमा पार करके आश्रय के लिए भारत में पहुँछे थे । इस कारण से भारत सरकार पर जनसंख्या का भारी दबाव आया था और इस प्रकार की स्थिति पैदा करने के लिए पाकिस्तान पूरी तरह से जिम्मेदार थे। **अप्रैल 1971** के अंत तक तत्कालीन प्रधानमंत्री **इंदिरा गांधी** भारत की दोनों तरफ से (पूर्वी पाकिस्तान और पश्चिमी पाकिस्तान) पाकिस्तान के खिलाफ युद्ध के लिए आवश्यक तैयारी करने के लिए सेना प्रधान (एस मानेकसाह) को आदेश दिया। उस समय **केंद्रीय रक्षा मंत्री, बाबू जगजीवन राम इंडिया-बांग्लादेश जाइंट कमांड (India Bangladesh Joint Command)** बनाने के लिए एक महत्वपूर्ण भूमिका निभाई और

दिसम्बर 1971 में पूर्वी पाकिस्तान नए स्वतंत्र देश यानि **बांग्लादेश** का रूप लिया।

देश की अंतर्राष्ट्रीय सीमा

प्रधानमंत्री इंदिरा गांधी सेना प्रधान-एस मानेकसाह

केंद्रीय रक्षा मंत्री, बाबू जगजीवन राम

पूर्वी पाकिस्तान से नए स्वतंत्र देश बांग्लादेश बना

8) 19 अप्रैल 1975 दिन के भारतीय वैज्ञानिकों द्वारा निर्मित 360 किलोग्राम वजन के पहले भारतीय **पृथ्वी उपग्रह आर्यभट्ट** (Arayabhatta) को सोवियत संघ (USSR) की अंतरिक्ष वाहन कॉसमॉस 3M (Kosmos-3M) द्वारा महकाश में अपने विशेष कक्षा में स्थापन किया गिया था। उस समय भारतीय अंतरिक्ष अनुसंधान संगठन (इसरो - ISRO) की अध्यक्ष रहे **डॉ सतीश धवन** । जब पहला **भारतीय उपग्रह आर्यभट्ट** को पृथ्वी की कक्षा में भेजा गया था तब भारत के पास उप ग्रह अंतरिक्ष में भेजने का वाहन / सैटेलाइट लंच वाहन (Satellite Lunching Vehicle – SLV) का तकनीक पूरी तरहा हासिल नहीं था पर **डॉ ए,पी,जे अब्दुल कलाम** के निदेशकता में भारतीय वैज्ञानिकों की टीम इस दिशा में बहुत काम किया था। आर्यभट्ट को अंतरिक्ष में भेजने के करीब पांच साल बाद 1980 में SLV टेक्नालजी में सफलता प्राप्त हुआ था और भारत बिश्व में **एसएलवी प्रौद्योगिकी** (SLV Technology) वाले छठे देश बना था।

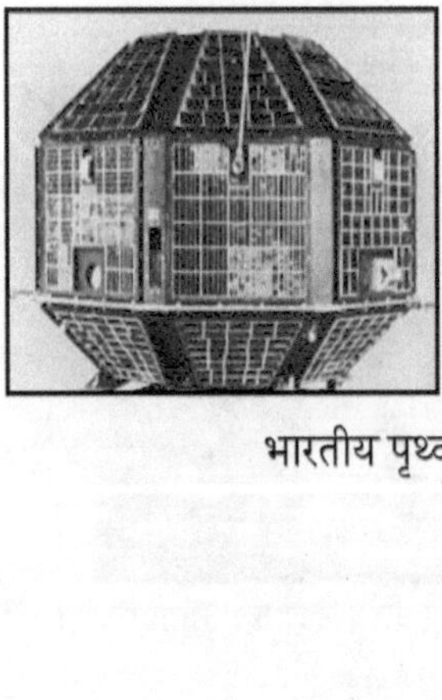

भारतीय पृथ्वी उपग्रह आर्यभट्ट

डॉ सतीश धवन डॉ ए,पी,जे अब्दुल कलाम

पिछले कुछ महीनों में मैंने तुम्हें कई पत्र लिखे हैं, कुछ पत्र अंग्रेजी में फिर कुछ हिंदी में भी हैं। प्रत्येक पत्र के लिखित उत्तर की कोई उम्मीद नहीं राखते हे, क्योंकि हमेशा हमलोग अलग-अलग डिजिटल मीडिया जैसा मोबाइल फोन कॉल, व्हाट्सएप (Whatsapp) मैसेज, फेसबुक (Facebook) कोमेंट्स आदि के माध्यम से संपर्क में है। मैं तुम्हें बाद में सभी पत्रों को पढ़ने का अनुरोध करूंगा, जो भी मैंने अंग्रेजी में या हिंदी में लिखा है, पत्र के मधाम से तुम्हें कई जानकारी मिलेगी, हां, कुछ तो अलग-अलग पारिवारिक घटनाओं से संबंधित हैं, लेकिन कुछ का हमारे देश के साथ संबंध हैं। बहुत लंबे पत्रों की श्रृंखला यहां समाप्त होती है।

सभी शुभकामनाओं और आशीर्वाद के साथ तुम्हारे - बाबा (पापा)

नवरात्रि और कन्या पूजन

जय माँ

12.08.2019
कोलकाता

प्यारी पुत्री दुर्गा,

आज एक बार फिर मैंने तुम्हें पत्र लिखना शुरू किया है, मैंने अपने पहले कोई पत्रों में हमारे देश में उपलब्ध कुछ महत्वपूर्ण सेवाओं से संबंधित विभिन्न विषयों का उल्लेख किया है। आज मैंने देश का एक महान त्योहार जो देश के विभिन्न हिस्सों में विशेष तरीके से मनाया जाता है, उसके बारे में कुछ पंक्तियाँ लिखना चाहता हूं। हाँ, मैंने यह **नवरात्रि** के बारे में कुछ कहना चाहता हूं। बचपन से तुम **नई दिल्ली** में जो समय बिताई हो, इस लिए मुझे मालूम है की तुम इस त्यौहार के बारे में और साथ मैं हमारे **देश के उत्तरी भाग** का किसी भी स्थान का विभिन्न **धार्मिक और सामाजिक अनुष्ठानों** के बारे में जानकारी रखती हो। अभी से बीस साल से अधिक समय पहले मतलब बचपन से ही तुमने कई प्रकार की सामाजिक कार्यक्रम में भाग भी ली थी। वर्तमान में तुम **पंजाब** की **लुधियाना** शहर में रहती हो और तुमने खुद ही बताई हो की उस स्थान पर **नवरात्रि** जैसा **त्योहार** कैसे बहुत ही पारंपरिक तरीके से मनाई जाती है। मुझे पता है, तुम उन दिनों को आसानी से याद कर सकती हो, जब हमलोग **नई दिल्ली** के महारानी बाग में **सीएसआईआर साइंटिस्ट अपार्टमेंट्स** (CSIR Scientists Apartments) में रहते थे और **नवरात्रि** की विशेष अवधि के दौरान, (आम तौर पर हर साल अक्टूबर महिना में) हमारे आवासीय परिसर के भीतर **कंजक** जैसा **धार्मिक कार्यों** में बहुत सारे बच्चे के साथ कई बार तुम्हारा भी भागीदारी होती थी।

हिंदू धर्म के अनुसार सभी **चेतन और निर्जीव वस्तुओं** में भगवान विराजित है। सम्मान और आभार व्यक्त करने के लिए माता -पिता, शिक्षक या गुरु के **पैर छूना** मानव या **मानव जाति की पूजा करने** का एक बहुत ही सामान्य तरीका है। कई अवसरों पर पुरुषों, महिलाओं या छोटे बच्चों को ऐसे पुजा किया जाता है जैसा की मंदिर में भगवान की पूजा होती है। हिंदू विश्वासों के अनुसार, **देवी महामाया** या **देवी दुर्गा,** स्त्री शक्ति और सुख, धन और समृद्धि जैसा सभी रचनात्मक शक्तियों का महान स्रोत है। **देवी दुर्गा** सभी प्रकार की बुराइयों को नष्ट करके शांति स्थापित करती है। **नवरात्रि** की अवधि को विभिन्न धार्मिक कार्यों करने के लिए शुभ माना जाता है और लोगो ने विभिन्न सामाजिक कार्यों के आयोजन करना पसंद करते है। उसी विश्वास के साथ हम **दुर्गा पूजा** के अनुष्ठान में भाग लेते हैं।

भारत के उत्तरी भाग के विभिन्न स्थानों पर **नवरात्रि** के इस शुभ अवसर पर लोगो व्यक्तिगत रूप से घरों में पारंपरिक तरीके से **नाबालिग बालिकाओं** की पूजा के आयोजन करते है, इस प्रकार की पूजा को **कन्या पूजन** या **कंजकी (कंजक)** कहा जाता है। विभिन्न समुदायों के लोग **ने दो से दस साल के बीच** छोटी लड़किओं को अपनी मासूमियत के कारण, सबसे शुद्ध और स्पष्ट दिमाग या दिव्य आत्मायुक्त मानते है, उसे **देवी दुर्गा** या **देवी कन्या** के रूप में देखते है और पूरी तरह भक्ति के साथ पूजा करते हैं। नवरात्रि उत्सव के नौ दिनों की अवधि के दौरान, विशेष रूप से **अष्टमी** और **नवमी** का दिन, किसी **देवी कन्या** की पूजन के लिए सबसे शुभ माना जाता है।

लोगों की सामान्य धारणा है की, नाबालिग लड़कियां उम्र के साथ खुद को बदल सकते हैं वे स्थिति या परिस्थितियों के अनुसार, **देवी पार्वती, दुर्गा, लक्ष्मी, सरस्वती, अन्नपूर्णा, काली** आदि के **रूप में** खुद को **प्रकट करने का**

क्षमता रखते है। हिंदुओं में यह विश्वास है कि, किसी ने सच्चे विश्वास और महान भक्ति के साथ **कन्या पूजा** करते है, **देवी दुर्गा** उन्हें अपने सारे आशीर्वाद धन, ज्ञान और सभी प्रकार की समृद्धि प्रदान करते हैं। हर साल में दो बार नवरात्रि की त्यौहार मनाई जाती है एक बार मार्च -अप्रैल के दौरान जिसे **चैत्र** या **वसंत नवरात्रि** कहलाती है और दूसरा अक्टूबर के महीने के दौरान व्यवस्था की जाती है वह **शारदिया नवरात्रि** नाम से प्रचलित है। नवरात्रि के नौ दिनों के दौरान देवी दुर्गा की नौ अलग अलग रूपों - **शैलपुत्री, ब्रह्मचारिणी, चंद्रघंटा, कुष्मांडा, स्कंद माता, कात्यायनी, कालरात्रि, महागौरी** और **सिद्धिदात्री** में पुजा की जाती।

अभी से करीब सात साल पहले, मतलब जब तुमने कोलकाता में तुम्हारे अपने कॉलेज स्टडि करती थी उसी दौरान एकबार तुमने **रामकृष्ण मिशन** द्वारा **बेलूर मठ** में आयोजित **कुमारी पूजा** के बारे में कुछ प्रश्न पूछे थे, मुझे लगता है कि मैंने इस तरह की पूजा की धार्मिक और सामाजिक अवधारणा के बारे में तुम्हें कुछ उपयुक्त उत्तर भी दिये थे। उस अवधि के दौरान ही तुम्हें मालूम हो गया था की इस प्रकार पूजा के अनुष्ठानों, मतलब **संकल्पनात्मक रूप** से **कुमारी पूजा** और **कन्या पूजा** दोनों ही एक जैसा है, क्योंकि दानो जगह पर **नाबालिग बालिका** को **देवी दुर्गा** के रूप में स्वीकार करते हुआ रीति के अनुसार पूजा किया जाता है।

उत्तरी भारत के कई स्थानों में, यह प्रथा है कि **कन्या पूजन करने के बाद,** छोटी लड़कियां को खुश करने के लिए **कुछ आकर्षक उपहार दिया जाता है।** कन्या पुजा से कई दिन पहले से लगो ने पुजा के अलग-अलग सामग्री और साथ में छोटी लड़कियों के लिए विभिन्न उपहार वस्तुओं की खरीद कर के तैयारी

पूरा करके रखते हैं। **कन्या पूजन** के लिए प्रसाद या खाद्य वस्तुओं की तैयारी के लिए, विशेष ध्यान दिया जाता है, सभी ताजा सामान बाजार से खरीदे जाते हैं।

कन्या पूजन या कंजक के विशेष दिन, जब नाबालिग लड़कियां घर के द्वार पर पहुंचती हैं, तो परिवार के बड़े सदस्य उनके दिल से स्वागत करते हैं और फिर वे अपने घर के अंदर ले जाते हैं। घर के अंदर प्रवेश के उपरान्त छोटी लड़कियों को अपने पैर धोने में मदद की जाती है। घर में बुजुर्ग / वृद्ध सदस्यों जैसा की दादी, नानी या चाची ने छोटी लड़कियों के पैर (एक का बाद एक) धोकर सभी नाबालिग लड़कियों **(देवी कन्या)** को धीरे-धीरे विशेष कपड़े या अंचल का उपयोग करते हुए पैर पोछ देते है। उन सभी नाबालिग लड़कियों को विशेष प्रकार के आसन प्रदान की जाती हैं। आम तौर पर ऐसे अवसरों में, लड़कियों को किसी विशेष दिशा में पंक्ति में बैठाया जाती हैं। सभी छोटी लड़कियां के शीर पर **सिंदुर / कुमकुम** या **चंदन तिलक** दिया जाता है।

कन्या पूजन करने से पहले, कुछ परिवारों में अपने रिवाज के अनुसार, कुछ लाल रंग का पवित्र धागे (मौली) उनकी / देवी कन्याओं एक कलाई में बांध देते है। ये छोटी लड़कियां को **देवी दुर्गा के जीवित रूप** मानकर **फूल-माला** दिया जाता है। पूजा स्थान पर और घर की अंदर उचित पूजा के वातावरण बनाने के लिए प्रदीप / दिया साथ में सुगंधी अगरबती जलाया जाता है। स्थानीय रीति-रिवाजों के आधार पर कन्या पूजा की आयोजन किया जाता है । इसलिए अलग-अलग परिवार के सदस्य अपना हिसाब से पुजा और आरती करते है। कुछ परिवारों में, **देबी कन्या** को **माँ दुर्गा (माता रानी - वैष्णो देवी)** के रूप में विचार करके **पूजा** और **पुष्पांजली** प्रदान करते है। परिवार के विभिन्न सदस्य पूजा मंत्र या

दुर्गा चालीसा से पाठ करते है। इस अवसरों पर **देवी दुर्गा** या माता **विष्णोदेवी** पर अधारित धार्मिक गीतों का गायन बहुत पसंद करते है। कई घरो में औडियो सिस्टम पर **माता वैष्णोदेवी** पर आधारित गीत-संगीत बाजाया जाता है।

कन्या पूजा के अवसर पर विशेष भोजन जैसे की पुरी, चना की सबजी, हलावा, खीर आदि घर पर तैयार किए जाते हैं और कुछ अन्य मिठाई बाहर से खरीदी जाती हैं। इन सभी खाद्य देवी कन्याओं को प्रसाद के रूप में पेश किया जाता है। कई घरों में कुछ प्रसाद परिवार के सदस्य अपने हाथों से **देवी कन्याओं** को खिलाया जाता है। कन्या पूजन का कुल कार्य समापन होने पर जब छोटी लड़कियां उस स्थान से बाहर निकलने वाली होती हैं तो उन्हें **कुछ विशेष उपहार** दिया जाता है और साथ में कुछ छोटी राशि जैसा 20 रुपये देवी कन्या को कन्या पूजा की दक्षीना के रूप में दिया जाते हैं। कन्या पूजन की उपरांत देवी कन्या को को कुछ उपहार पेश करने का यह विशेष अवसर को आम तौर पर **कंजक** कहा जाता है और इससे संबंधित पुजा की रीति को **कंजकी पूजन** कहा जाता है। सभी छोटे लड़कियों को **कंजकी** पूजन से बहुत ही खुशी मिलता है, जो की बहुत दिनों तक याद रहती हैं।

मुझे लगता है कि तुम याद कर सकती हो कि नई दिल्ली में तुम्हारे बचपन के दिनों में आपने कंजक के उत्सव में भाग लेने के कारण तुम्हें कुछ स्टील प्लेट्स उपहार के हिसाब से मिलीं जो अभी भी घर में इस्तेमाल में है। भारत के उत्तरी भाग में कुछ स्थानों पर, इस विश्वास के साथ **कन्या पूजन** किया जाता है की **वह देवी दुर्गा कि पुजा** के बराबर फलदायी है।

2007 में जब हमलोग **माता वैष्णोदेवी** से वापस के रास्ते से कटरा में रूके थे उन क्षणों को याद करने की कोशिश करें, वह **नवरात्रि की नवमी** थी,

यह पूरे दिन ही बहुत आनंददायक रहा। जम्मू-कश्मीर के कटरा में नवरात्रि के समय, (**अष्टमी/नवमी** का दिन) विशेष रूप से निर्मित मंडप में कई संख्या में नाबालिग लड़कियों की उसी तरह पूजा की जाती है जैसे वे अन्य धार्मिक कार्यों में होता है। काटरा शहर में कई स्थान पर **खूबसूरती से सजाए गए वाहनों** में नाबालिग लड़कियों को लाकर **धार्मिक जलूस** निकाला जाता है।

हमारे पड़ोसी देश **नेपाल** में कुछ मंदिर हैं जो **कन्या पूजा** करने के लिए प्रसिद्ध हैं, जहा पर नाबालिग लड़कियों की पूजा या कन्या पुजन विशेष पारंपरिक रूप से किया जाता है। **गवहाटी (असम)** की प्रसिद्ध **कामरूप कामाख्या** मंदिर में कन्या पूजा बहुत ही सामान्य धार्मिक कार्य है। परिवारों के सदस्यों के बीच में माता **वैष्णो देवी** की उपस्थिति से संबंधित कई लोकप्रिय कहानियां उत्तर भारत में बहुत ही लोकप्रिय हैं। **माता रानी -वैष्णो देवी** की एक गरीब भक्त, श्रीधर के घर में **दिव्य लड़की (देवी कन्या)** के रूप में उपस्थित होते हुए कई लोगों के लिए **भंडारा (सामुदायिक भोजन)** की व्यवस्था करने में असामान्य मदद की। भारत के दक्षिणी हिस्से में कन्या पूजा सम्बंधित अलग-अलग कहानियां प्रचलित हैं जो कन्या रूप में देवी दुर्गा की उपस्थिति को स्थापित करते है। विशेष रूप से तमिलनाडु की कन्याकुमारी में स्थित **देवी कन्याकुमारी (कुमारी अम्मान)** की पवित्र मंदिर इसका बहुत ही महत्वपूर्ण प्रमाण हैं, यहां देवी को एक **कुंवारी लड़की (देवी कुमारी - कन्याकुमारी)** के रूप में पूजा की जाती है। यह भारत में इस तरह के दुर्लभ मंदिरों में से एक है, विभिन्न प्राचीन संस्कृत साहित्य में इस मंदिर का नाम **बाल-अम्बिका के कन्या-आश्रम** के रूप में वर्णित किया गया है।

मैंने पहले ही एक बहुत लंबा पत्र लिखा है, मुझे यहाँ जरूर रुकना होगा। भविष्य में मैं अपनी विभिन्न धार्मिक और सांस्कृतिक परंपराओं का वर्णन करने के लिए इस प्रकार के और अधिक पत्र लिखना प्रयास जारी रखने का प्रयत्न करूंगा। यहाँ मैंने **कन्या पूजा / कंजक** के बारे में उल्लेख किया है, अगली बार मैं **कुमारी पूजा** के बारे में अपने ज्ञान को साझा करूँगा।

सभी शुभकामनाओं और आशीर्वाद के साथ तुम्हारे - बाबा (पापा)

देवी महामाया या देवी दुर्गा

देवी कन्याकुमारी (कुमारी अम्मान)

মাতা বৈষ্ণদেবী

চিরন্তন দেবদাস

আমাদের দেশে মূর্ত্তি পূজার সঙ্গে সঙ্গে আছে প্রকৃতি এবং প্রাকৃতিক বিষয় বস্তুকে দেবদেবী রূপে পূজা করার এক বিশেষ ধারা। সমগ্র উত্তর ও মধ্য ভারতের অনেক জায়গায় বিশেষ করে, হিমালয় এবং বিন্ধাচল পর্বতমালার বিভিন্ন স্থানে এমন বেশ কিছু দেবস্থান আছে যেখানে আদি অনন্তকাল থেকে কিছু বিশেষ শিলাখন্ড বা নিদর্শনের পূজা হয়ে আসছে এই ধরনের একটি মন্দিরের উল্লেখযোগ্য উদাহরণ হলো, হিমালয়ের শিবালিক পর্বত্য শ্রেণীর ত্রিকূটা পাহাড়ে "মাতা বৈষ্ণদেবীর" মন্দির বা "মাতা ভবন"। এখানে শিলা বা পিন্ডিরূপে দেবীর আরাধনা হয়ে চলেছে যুগযুগ ধরে। বৈষ্ণদেবীতে মাতার ভবনে যাত্রা করবার জন্য বছরের কোন বিশেষ সময় নির্দিষ্ট করা নেই, সারা বছরই চলে অজস্র ভক্তের যাতায়াত। জম্মু-কাশ্মীর প্রদেশের "কাটরা" শহর থেকেই শুরু হয় বৈষ্ণদেবী যাত্রা, ত্রিকূটা পাহাড়ের পাদদেশে অবস্থিত কাটরা শহরের সর্বত্র থেকেই দেখা যায় বৈষ্ণবী ধাম। এই কাটরা শহরটি সমুদ্রতল থেকে মোটামুটি সতেরশো ফুট উচ্চতায় অবস্থিত আর মাতা ভবন তথা বৈষ্ণদেবী মাতার মন্দির অবস্থান, কাটরা থেকে পাঁচ হাজার দুশো ফুট উচ্চতায়। হাঁটা পথে প্রায় সাড়ে তেরো কিলোমিটার পথ অতিক্রম করলে পৌছানো যায় এই উচ্চতায়। ত্রিকূটা পাহাড়ে মাতা বৈষ্ণদেবীর গুহা মন্দির বা মাতা ভবন নিঃসন্দহে সব ভক্তবৃন্দ বা যাত্রীদের কাছে মূল আকর্ষণ, কেন্দ্র তবে পাহাড়ী রাস্তায় যাত্রার শুরু থেকে শেষ পর্যন্ত বিভিন্ন স্থানে আরও কয়েকটি মন্দিরের দর্শনের উদ্দেশ্যে যাত্রীরা অনেকটা সময় দিয়ে থাকে। ত্রিকূটা পাহাড়ের পরিবেশ, পাহাড়ের বিভিন্ন উচ্চতা থেকে প্রকৃতিক সৌন্দর্যকে উপভোগ করা, সাথে বিভিন্ন উচ্চতায় তাপমাতার পার্থক্য উপলব্ধি করা এই যাত্রার বিশেষ ভাবে উল্লেখযোগ্য।

মাতা বৈষ্ণদেবীর বিষয়ে যে সব পৌরাণিক কথা বা গল্প শোনা যায় তার মধ্যে অন্যতম ত্রেতাযুগে "বৈষ্ণবী" নামে তার আর্ভিভাব, দক্ষিণ ভারতের রামেশ্বরমের কাছে এক গ্রামে, দেবী দুর্গার পূজারী রত্নাকর পন্ডিতের ঘরে কন্যারূপে জন্মগ্রহন করেন দেবী মা মহামায়া। এখানে তার নাম হয় 'বৈষ্ণবী'। এখানে ভগবান শ্রীরাম দৈব্যকণ্যা বৈষ্ণবীকে বলেন, উত্তর দিশায় জম্বু প্রদেশে (বর্তমানে জম্মু) ত্রিকূটা পাহাড়ে গিয়ে অবস্থান করতে, সেখানে বৈষ্ণবী হবেন আদি শক্তির প্রকাশ, সমগ্র অঞ্চলের বৈষ্ণবীমাতা। সকলের আশা ও ভরসা কলিযুগে "বৈষ্ণবী মাতা" তথা মাতা বৈষ্ণদেবী হলেন ভক্তের ভক্তির অনন্য রূপ, তিনি হবেন বিশ্বমাতা, বৈষ্ণবী মাতার গুহামন্দির পরিচিত হবে 'মাতা ভবন' 'মাতা মন্দির' ইত্যাদি নামে। ত্রিকূটা পাহাড়ে বৈষ্ণদেবী ধামে যাত্রা শুরু

माता विष्णुदेवी पर बंगला में लेख

कुमारी पूजा ही मातृ पुजा

जय माँ

12.08.2019
कोलकाता

प्यारी पुत्री दुर्गा,

आज एक बार फिर मैंने तुम्हें पत्र लिखना शुरू किया है, मैंने अपने पहले कोई पत्रों में हमारे देश में उपलब्ध कुछ महत्वपूर्ण सेवाओं से संबंधित विभिन्न विषयों का उल्लेख किया है। आज मैंने देश का एक महान त्योहार जो देश के विभिन्न हिस्सों में विशेष तरीके से मनाया जाता है, उसके बारे में कुछ पंक्तियाँ लिखना चाहता हूं। हाँ, मैंने यह **नवरात्रि** के बारे में कुछ कहना चाहता हूं। बचपन से तुम **नई दिल्ली** में जो समय बिताई हो, इस लिए मुझे मालूम है की तुम इस त्यौहार के बारे में और साथ मैं हमारे **देश के उत्तरी भाग** का किसी भी स्थान का विभिन्न **धार्मिक और सामाजिक अनुष्ठानों** के बारे में जानकारी रखती हो। अभी से बीस साल से अधिक समय पहले मतलब बचपन से ही तुमने कई प्रकार की सामाजिक कार्यक्रम में भाग भी ली थी। वर्तमान में तुम **पंजाब** की **लुधियाना** शहर में रहती हो और तुमने खुद ही बताई हो की उस स्थान पर **नवरात्रि** जैसा **त्योहार** कैसे बहुत ही पारंपरिक तरीके से मनाई जाती है। मुझे पता है, तुम उन दिनों को आसानी से याद कर सकती हो, जब हमलोग **नई दिल्ली** के महारानी बाग में **सीएसआईआर साइंटिस्ट अपार्टमेंट्स** (CSIR Scientists Apartments) में रहते थे और **नवरात्रि** की विशेष अवधि के दौरान, (आम तौर पर हर साल अक्टूबर महिना में) हमारे आवासीय परिसर के भीतर **कंजक**

जैसा **धार्मिक कार्यों** में बहुत सारे बच्चे के साथ कई बार तुम्हारा भी भागीदारी होती थी।

हिंदू धर्म के अनुसार सभी **चेतन और निर्जीव वस्तुओं** में भगवान विराजित है। सम्मान और आभार व्यक्त करने के लिए माता -पिता, शिक्षक या गुरु के **पैर छूना** मानव या **मानव जाति की पूजा करने** का एक बहुत ही सामान्य तरीका है। कई अवसरों पर पुरुषों, महिलाओं या छोटे बच्चों को ऐसे पुजा किया जाता है जैसा की मंदिर में भगवान की पूजा होती है। हिंदू विश्वासों के अनुसार, **देवी महामाया** या **देवी दुर्गा,** स्त्री शक्ति और सुख, धन और समृद्धि जैसा सभी रचनात्मक शक्तियों का महान स्रोत है। **देवी दुर्गा** सभी प्रकार की बुराइयों को नष्ट करके शांति स्थापित करती है। **नवरात्रि** की अवधि को विभिन्न धार्मिक कार्यों करने के लिए शुभ माना जाता है और लोगो ने विभिन्न सामाजिक कार्यों के आयोजन करना पसंद करते है। उसी विश्वास के साथ हम **दुर्गा पूजा** के अनुष्ठान में भाग लेते हैं।

भारत के उत्तरी भाग के विभिन्न स्थानों पर **नवरात्रि** के इस शुभ अवसर पर लोगो व्यक्तिगत रूप से घरों में पारंपरिक तरीके से **नाबालिग बालिकाओं** की पूजा के आयोजन करते है, इस प्रकार की पूजा को **कन्या पूजन** या **कंजकी (कंजक)** कहा जाता है । विभिन्न समुदायों के लोग **ने दो से दस साल के बीच** छोटी लड़किओं को अपनी मासूमियत के कारण, सबसे शुद्ध और स्पष्ट दिमाग या दिव्य आत्मायुक्त मानते है, उसे **देवी दुर्गा** या **देवी कन्या** के रूप में देखते है और पूरी तरह भक्ति के साथ पूजा करते हैं। नवरात्रि उत्सव के नौ दिनों की अवधि के दौरान, विशेष रूप से **अष्टमी** और **नवमी** का दिन, किसी **देवी कन्या** की पूजन के लिए सबसे शुभ माना जाता है।

लोगों की सामान्य धारणा है की, नाबालिग लड़कियां उम्र के साथ खुद को बदल सकते हैं वे स्थिति या परिस्थितियों के अनुसार, **देवी पार्वती, दुर्गा, लक्ष्मी, सरस्वती, अन्नपूर्णा, काली** आदि के **रूप में** खुद को **प्रकट करने का क्षमता** रखते है। हिंदुओं में यह विश्वास है कि, किसी ने सच्चे विश्वास और महान भक्ति के साथ **कन्या पूजा** करते है, **देवी दुर्गा** उन्हें अपने सारे आशीर्वाद धन, ज्ञान और सभी प्रकार की समृद्धि प्रदान करते हैं। हर साल में दो बार नवरात्रि की त्यौहार मनाई जाती है एक बार मार्च -अप्रैल के दौरान जिसे **चैत्र** या **वसंत नवरात्रि** कहलाती है और दूसरा अक्टूबर के महीने के दौरान व्यवस्था की जाती है वह **शारदिया नवरात्रि** नाम से प्रचलित है। नवरात्रि के नौ दिनों के दौरान देवी दुर्गा की नौ अलग अलग रूपों - **शैलपुत्री, ब्रह्मचारिणी, चंद्रघंटा, कुष्मांडा, स्कंद माता, कात्यायनी, कालरात्रि, महागौरी** और **सिद्धिदात्री** में पुजा की जाती ।

अभी से करीब सात साल पहले, मतलब जब तुमने कोलकाता में तुम्हारे अपने कॉलेज स्टडि करती थी उसी दौरान एकबार तुमने **रामकृष्ण मिशन** द्वारा **बेलूर मठ** में आयोजित **कुमारी पूजा** के बारे में कुछ प्रश्न पूछे थे, मुझे लगता है कि मैंने इस तरह की पूजा की धार्मिक और सामाजिक अवधारणा के बारे में तुम्हें कुछ उपयुक्त उत्तर भी दिये थे। उस अवधि के दौरान ही तुम्हें मालूम हो गया था की इस प्रकार पूजा के अनुष्ठानों, मतलब **संकल्पनात्मक रूप** से **कुमारी पूजा** और **कन्या पूजा** दोनों ही एक जैसा है, क्योंकि दानो जगह पर **नाबालिग बालिका** को **देवी दुर्गा** के रूप में स्वीकार करते हुआ रीति के अनुसार पूजा किया जाता है।

उत्तरी भारत के कई स्थानों में, यह प्रथा है कि **कन्या पूजन करने के बाद**, छोटी लड़कियां को खुश करने के लिए **कुछ आकर्षक उपहार दिया जाता है।** कन्या पुजा से कई दिन पहले से लगो ने पुजा के अलग-अलग सामग्री और साथ में छोटी लड़कियों के लिए विभिन्न उपहार वस्तुओं की खरीद कर के तैयारी पूरा करके रखते हैं। **कन्या पूजन** के लिए प्रसाद या खाद्य वस्तुओं की तैयारी के लिए, विशेष ध्यान दिया जाता है, सभी ताजा सामान बाजार से खरीदे जाते हैं।

कन्या पूजन या कंजक के विशेष दिन, जब नाबालिग लड़कियां घर के द्वार पर पहुंचती हैं, तो परिवार के बड़े सदस्य उनके दिल से स्वागत करते हैं और फिर वे अपने घर के अंदर ले जाते हैं। घर के अंदर प्रवेश के उपरान्त छोटी लड़कियों को अपने पैर धोने में मदद की जाती है। घर में बुजुर्ग / वृद्ध सदस्यों जैसा की दादी, नानी या चाची ने छोटी लड़कियों के पैर (एक का बाद एक) धोकर सभी नाबालिग लड़कियों (**देवी कन्या**) को धीरे-धीरे विशेष कपड़े या अंचल का उपयोग करते हुए पैर पोछ देते है। उन सभी नाबालिग लड़कियों को विशेष प्रकार के आसन प्रदान की जाती हैं। आम तौर पर ऐसे अवसरों में, लड़कियों को किसी विशेष दिशा में पंक्ति में बैठाया जाती हैं। सभी छोटी लड़कियां के शीर पर **सिंदुर / कुमकुम** या **चंदन तिलक** दिया जाता है।

कन्या पूजन करने से पहले, कुछ परिवारों में अपने रिवाज के अनुसार, कुछ लाल रंग का पवित्र धागे (मौली) उनकी / देवी कन्याओं एक कलाई में बांध देते है। ये छोटी लड़कियां को **देवी दुर्गा के जीवित रूप** मानकर **फूल-माला** दिया जाता है। पूजा स्थान पर और घर की अंदर उचित पूजा के वातावरण बनाने के लिए प्रदीप / दिया साथ में सुगंधी अगरबती जलाया जाता है। स्थानीय रीति-

रिवाजों के आधार पर कन्या पूजा की आयोजन किया जाता है। इसलिए अलग-अलग परिवार के सदस्य अपना हिसाब से पुजा और आरती करते है। कुछ परिवारों में, **देबी कन्या** को **माँ दुर्गा (माता रानी - वैष्णो देवी)** के रूप में विचार करके **पूजा** और **पुष्पांजली** प्रदान करते है। परिवार के विभिन्न सदस्य पूजा मंत्र या **दुर्गा चालीसा** से पाठ करते है। इस अवसरों पर **देवी दुर्गा** या माता **विष्णोदेवी** पर अधारित धार्मिक गीतों का गायन बहुत पसंद करते है। कई घरो में औडियो सिस्टम पर **माता वैष्णोदेवी** पर आधारित गीत-संगीत बाजाया जाता है।

कन्या पूजा के अवसर पर विशेष भोजन जैसे की पुरी, चना की सबजी, हलावा, खीर आदि घर पर तैयार किए जाते हैं और कुछ अन्य मिठाई बाहर से खरीदी जाती हैं। इन सभी खाद्य देवी कन्याओं को प्रसाद के रूप में पेश किया जाता है। कई घरों में कुछ प्रसाद परिवार के सदस्य अपने हाथों से **देवी कन्याओं** को खिलाया जाता है। कन्या पूजन का कुल कार्य समापन होने पर जब छोटी लड़कियां उस स्थान से बाहर निकलने वाली होती हैं तो उन्हें **कुछ विशेष उपहार** दिया जाता है और साथ में कुछ छोटी राशि जैसा 20 रुपये देवी कन्या को कन्या पूजा की दक्षीना के रूप में दिया जाते हैं। कन्या पूजन की उपरांत देवी कन्या को को कुछ उपहार पेश करने का यह विशेष अवसर को आम तौर पर **कंजक** कहा जाता है और इससे संबंधित पुजा की रीति को **कंजकी पूजन** कहा जाता है। सभी छोटे लड़कियों को **कंजकी** पूजन से बहुत ही खुशी मिलता है, जो की बहुत दिनों तक याद रहती हैं।

मुझे लगता है कि तुम याद कर सकती हो कि नई दिल्ली में तुम्हारे बचपन के दिनों में आपने कंजक के उत्सव में भाग लेने के कारण तुम्हें कुछ स्टील प्लेट्स उपहार के हिसाब से मिलीं जो अभी भी घर में इस्तेमाल में है। भारत के उत्तरी

भाग में कुछ स्थानों पर, इस विश्वास के साथ **कन्या पूजन** किया जाता है की **वह देवी दुर्गा कि पुजा** के बराबर फलदायी है।

2007 में जब हमलोग **माता वैष्णोदेवी** से वापस के रास्ते से कटरा में रूके थे उन क्षणों को याद करने की कोशिश करें, वह **नवरात्रि की नवमी** थी, यह पूरे दिन ही बहुत आनंददायक रहा। जम्मू-कश्मीर के कटरा में नवरात्रि के समय, (**अष्टमी/नवमी** का दिन) विशेष रूप से निर्मित मंडप में कई संख्या में नाबालिग लड़कियों की उसी तरह पूजा की जाती है जैसे वे अन्य धार्मिक कार्यों में होता है। काटरा शहर में कई स्थान पर **खूबसूरती से सजाए गए वाहनों** में नाबालिग लड़कियों को लाकर **धार्मिक जलूस** निकाला जाता है।

हमारे पड़ोसी देश **नेपाल** में कुछ मंदिर हैं जो **कन्या पूजा** करने के लिए प्रसिद्ध हैं, जहा पर नाबालिग लड़कियों की पूजा या कन्या पुजन विशेष पारंपरिक रूप से किया जाता है। **गवहाटी (असम)** की प्रसिद्ध **कामरूप कामाख्या** मंदिर में कन्या पूजा बहुत ही सामान्य धार्मिक कार्य है। परिवारों के सदस्यों के बीच में माता **वैष्णो देवी** की उपस्थिति से संबंधित कई लोकप्रिय कहानियां उत्तर भारत में बहुत ही लोकप्रिय हैं। **माता रानी -वैष्णो देवी** की एक गरीब भक्त, श्रीधर के घर में **दिव्य लड़की (देवी कन्या)** के रूप में उपस्थित होते हुए कई लोगों के लिए **भंडारा (सामुदायिक भोजन)** की व्यवस्था करने में असामान्य मदद की। भारत के दक्षिणी हिस्से में कन्या पूजा सम्बंधित अलग-अलग कहानियां प्रचलित हैं जो कन्या रूप में देवी दुर्गा की उपस्थिति को स्थापित करते है। विशेष रूप से तमिलनाडु की कन्याकुमारी में स्थित **देवी कन्याकुमारी (कुमारी अम्मान)** की पवित्र मंदिर इसका बहुत ही महत्वपूर्ण प्रमाण हैं, यहां देवी को एक **कुंवारी लड़की (देवी कुमारी - कन्याकुमारी)** के रूप में पूजा की जाती है । यह भारत

में इस तरह के दुर्लभ मंदिरों में से एक है, विभिन्न प्राचीन संस्कृत साहित्य में इस मंदिर का नाम **बाल-अम्बिका के कन्या-आश्रम** के रूप में वर्णित किया गया है।

मैंने पहले ही एक बहुत लंबा पत्र लिखा है, मुझे यहाँ जरूर रुकना होगा। भविष्य में मैं अपनी विभिन्न धार्मिक और सांस्कृतिक परंपराओं का वर्णन करने के लिए इस प्रकार के और अधिक पत्र लिखना प्रयास जारी रखने का प्रयत्न करूंगा। यहाँ मैंने **कन्या पूजा / कंजक** के बारे में उल्लेख किया है, अगली बार मैं **कुमारी पूजा** के बारे में अपने ज्ञान को साझा करूँगा।

सभी शुभकामनाओं और आशीर्वाद के साथ तुम्हारे - बाबा (पापा)

कुमारी पूजा - कन्या पूजन

Kanya Pujan

Chirantan Debdas

Flat No. C4 - 203 , Edencity Maheshtala, Kolkata - 700137 (WB)

E mail ID : cdshreedurga140@gmail.com

Durga Puja is one of the most important festivals among the Hindus in West Bengal and also in other places. Navaratri is another common festival which is celebrated twice in a year at various parts of the country, once during the months of March – April, called "Chitra or Vasant Navaratri" and the other one during the months September – October every year which is known as "Sharadiya Navaratri. During the period of nine days (nights) of Navaratri, Goddess Durga is worshiped in nine different forms (Nava Durga) having different names - Shailputri, Brahmacharini, Chandraghanta, Kushmanda, Skanda Mata, Katyayani, Kalratri, Maha Gauri & Siddhidatri. According to Hindu beliefs, Goddess Mahamaya or Devi Durga the great feminine power is the source of all creative forces, earthy happiness, wealth and prosperity. Goddess Durga or Shakti establishes peace by destroying all kind of evils. The period of Navaratrai is considered as very much auspicious to perform different religious functions and associated social gatherings. During the auspicious period Navaratriat different places in northern part of India, "Kanya Puja - Kanya Pujan or Kanjak is arranged in very traditional manner, people belongs to various communities involve themselves with full devotion.

In Hinduism, God or Goddess is very much present in all the animate and inanimate objects. There are different religious functions where human beings (Men, Women, Children or youth) are worshiped following the rituals which are common to perform Puja at home or in the temple. Touching the feet of the parents, elders, teachers (Guru) to express respect and gratitude to them is one very common way of worshiping of human

मेरा एक अंग्रेजी लेख **Kanya Pujan** प्रकाशित हुआ था

क्या आप बिहारी है ?

जय माँ

12.07.2022
कोलकाता

प्यारी पुत्री दुर्गा,

आशा है कि तुम ठीक हो और तुम्हारे वहा सब कुछ सही है। इससे पहले मैंने अलग-अलग विषयों पर तुम्हें कुछ पत्र लिखे हैं, इस समय **मैंने कैसे हिंदी सीखा** उसका वर्णन करने की कोशिश करूंगा, हो सकता है यह पत्र पिछले समय पर लेखे पत्रों की तुलना में कुछ ज्यादा लंबा हो सकता है। इस बार मैंने जो विषय का चयन किया है जो वह संक्षेप में है, **डाउन मेमोरी लेन** । आज है , 12 जुलाई 2022, मेरे लिए एक खास दिन है क्योंकि 12 जुलाई 1986 को मैंने **क्षेत्रीय प्रौद्योगिकी संस्थान** (Regional Institute of Technology - RIT Jamshedpur) से **इंजीनियरिंग में स्नातक** की उपाधि प्राप्त की थी। कई चीजें बदल गईं, सबसे पहले हमारे कॉलेज का नाम बदलकर **राष्ट्रीय प्रौद्योगिकी संस्थान** (National Institute of Technology-NIT Jamshedpur) हो गया। कॉलेज परिसर का पूरा वातावरण भी काफी बदल गया है।

तुम जानती हो सात साल से अधिक समय कोलकात्ता की लेक रोड, कोलकाता - 700029 स्थित **CSIR आवासीय परिसर (सिरसा)** में रहने के बाद अभी करीब चार साल हमलोग एक आधुनिक बहुतल आवासीय परिसर **(ईडेन सिटि, महेशतला)** रह रहे हैं। जैसा कि मुझे याद है, मार्च 2015, में नई सामाजिक मेलजोल में सब के साथ **होली**, या रंग की त्योहार मनाने का अवसर मिला था। उस दिन अधिकतर निवासियों मेरे लिए नई थे और कई लोग आज भी नई जैसा ही है। होली का इस दिन सुबह करीब आठ बजे से दोपहर एक

बजे तक हमलोग वहाँ की खेल मैदान के आसपास छोटे छोटे गुट बनाकर लोगों ने गपशप करके कुछ वक्त बिताए थे। उस अवसर पर हमलोग विभिन्न विषयों में बातचीत किया और कई लोग अपना अपना विचार जाहीर किया था। उस दिन **बंगला** की अलावा अधिकतर वार्तालाप **हिन्दी** में हुया था। देश की विभिन्न भाग में रहने की कारण मेरे लिए हिन्दी में बातचीत करना काफी आसान था। हमारे बातचीत की बीच में एक बुजुर्ग आदमी आकाशमिक मुझे पूछा, **"किया आप बिहारी है** ?" मैंने उनके प्रश्न की उत्तर देते हुए इतना कहाँ, मैंने जमशेदपुर स्थित **रीजनल इंजीन्यरिंग कॉलेज** मतलब Regional Institute of Technology संक्षेप में RIT Jamshedpur [उस अवधि में वह कॉलेज बिहार की अंतर्गत था और बाद में जमशेदपुर शाहर झारखंड प्रदेश का हिस्सा बन गया था] में आध्यान किया था। उस समय मैंने इस का भी उल्लेख किया था की जमशेदपुर में रहने का कारण से मैंने हिन्दी में बातचीत सीखा, उसी दौरान बिहार की लोगों या बिहार के बहुत सारे विद्यार्थी के साथ एक अनुभवी संपर्क स्थापित हुया था, मैं कहूँगा वह अभी भी जारी है। उस समय पर मैंने उसका भी जिक्र किया था की आज यह इंजीनियरिंग कॉलेज, NIT (National Institute of Technology) जमशेदपुर नाम से जाना जाता है।

होली का दिन कोई लोगोने मुझे हिन्दी मैं बातचीत करने के लिए विशेष रूप से प्रोत्साहित किया था और इस आदत बरकरार रखने के लिए सुझाव भी दिया था। होली का निर्धारित कार्यक्रम समाप्त होने का बाद सभी लोग अपने घर वापस चले गये थे। उसी दिन शाम का समय, मैं सोचने लगा, क्या था हमारा बातचीत का विषय, हम विशेष रूप से याद किया, उस वक्त का वार्तालाप और उनका एक – दो प्रश्न, जैसा, "**क्या आप बिहारी है** ?" जो मुझे वापस ले गया था कई साल पीछे, जब हम रहते थे RIT जमशेदपुर की हॉस्टल में। पहला और

दूसरे वर्ष के दौरान मैंने **निराला छात्रावास** में रहे और उसके बाद मुझे **सुभाष छात्रावास** में रहने का अवसर मिला था। उस समय सोचते सोचते मैंने कुछ भावुक हो गया था, मुझे याद आ गया था "कैसा था वह सब बीते हुए दिन....", " कैसे हमलोग रहते थे हॉस्टल में"...," कैसे सीखे थे हिन्दी में बातचीत करना".... और बहुत कुछ, उस समय मुझे **डाउन मेमोरी लेन** का एहसास हुआ था।

रीजनल इंजीन्यरिंग कॉलेज (RIT) जमशेदपुर में पढ़ने की कारण न केबल बिहार बल्कि पूरा हिंदुस्तान की छात्राओं से मिलमिस करके रहेना एक अनूठा अबसर प्राप्त हुआ था। उसी समय मुझे इस बात की एहसास हुआ था, **हिन्दी है सबके भाषा, हिन्दी है तो सब एक है** और ऐसा एक समय आया था जब हिन्दी बन गिया था **अपना भाषा।** कॉलेज का प्रथम बर्ष में जब पहेले बार हम RIT जमशेदपुर का कैम्पस में पौछे थे, तब मेरे लिया हिन्दी में बार्तालाप करना आसान नहीं था, बिभिन्न हिन्दी शब्दों का प्रोयाग के बारे में सही अंदाज़ नहीं था, हिन्दी में बात करते समय आंग्रजी शब्दों का प्रोयाग कुछ जादा हो जाता था, शुरूयात का दिनों में वह था केबल "काम चलने लायक हिन्दी"। यह सच है, शुरुआत में मैंने कुछ प्रकार की कठिनाइयों का सामना जरूर किया था, लेकिन बाद में कॉलेज परिसर के भीतर के वातावरण के कारण मुझे बहुत ही आनंद मिला था। कॉलेज से निकालने का बाद बहुत दिन बीत गिया, समय के साथ साथ हरेक दिशा में आया काफी बदूलव और हामारे सोच में भी आया निश्चेत परिबर्तन, उस समय में हम लोग रहे कॉलेज स्टूडेंट्स और आज हामारे पुत्र-पुत्री कोई कॉलेज का पढ़ाई में है या तो कॉलेज एडुकेशन पूरा कर चुकी है। RIT जामशेदपुर में भर्ती होने का बाद कुछ दिनों में इये चीज महसूस हुया था है की – **हिन्दी शिखना** और **हिन्दी में बातचीत करना** बहुत ही जरूरी है, हिन्दी के बिना आगे बढ़ना काफी

मुसकिल है। जैसा कि तुम पुणे में कॉलेज हॉस्टल में दो साल बिताई हो, तुम जानती हो कॉलेज और हॉस्टल में स्टूडेंट्स एक दूसरे से कैसे बातचित करते थे / करते है। उन दिनों मैंने देखा कि **हिंदी** तुम्हेरे और वहां के अन्य स्टूडेंट्स के लिए आम भाषा मतलब Common Language था।

जब हम RIT जमशेदपुर में पढ़ाई करते थे तब नियम के अनुसार हर एक बैच में **50% स्टूडेंट्स बिहार से** होता था। हमारा कॉलेज, जमशेदपुर का अबस्थान बिहार (तब झारखंड राज्य नहीं बना था) में होने का कारण अपना बैच साथ में जूनियर और सीनियर स्टूडेंट्स मिला के वहाँ पे बिहारी छात्रों की संख्या सबसे अधिक था। जमशेदपुर में रहने के कारण मुझे समझ आ गया था, यहा हिन्दी सीखना बहुत महत्वपूर्ण है और **हिन्दी सीखना है तो बिहारी छात्रों से ज्यादा मिलजुल और वार्तालाप करना जरूरी है**। हम इस बिस्वास को ले कर चलें और सच में मुझे इसका सुफल जल्दी प्राप्त हो गया था। मेरा हिन्दी सीखना का प्रयास को देख कर कुछ **दक्षिण भारतीय छात्रों** ने भी उत्साह के साथ हिन्दी सीखना शुरु किया था। रेजोनाल इंजीन्यरिंग कॉलेज में हर एक राज्य से छात्रो आते थे, इस लिए कई भाषाएँ सीखने के लिए यह स्थान बहुत ही उत्तम था। कॉलेज हॉस्टल में रहने की कारण हमलोग एक दूसरे से अलग अलग भाषा का कोई शब्दों और कुछ वाक्य शिख लीए थे। आज इतने सालों के बाद हर एक चीज याद करना काफी मुसकिल है। ऐसा कुछ विशेष बंगला शब्दों और छोटे छोटे बंगला वाक्य के बारे में बोल सकते है जो कि कॉलेज हॉस्टल में, बंगाली नहीं है ऐसा छात्रों में ज्यादा दा प्रचलित थे, ऐसा ही कुछ वाक्य इस प्रकार थे *"तोमार नाम की ? " आमी जल खाबो", " आमी तोमाके भालोबासी" "आमी तोमार साथे तोमार बाड़ी जाबो... "* आदि।

कॉलेज छोड़ने के बाद कई साल बीत गया, समय के साथ साथ हरेक दिशा में आया काफी बदलाव और हामारे सोच में भी आया निश्चेत परिबर्तन। RIT जामशेदपुर में भर्ती होने का बाद कुछ दिनों में ये चीज महसूस हुया था है की हिन्दी सीखना और हिन्दी में बातचीत करना बहुत ही जरूरी है, हिन्दी के बिना आगे बढ़ना काफी मुश्किल है। ये बात सच है की, कॉलेज में भर्ति होने का समय कुछ लोगों ने कहा था, *इंजीन्यरिंग पढ़ने का लिए English ही काफी* है और *केवल दोस्ती बढ़ने के लिए हिन्दी चाहिए।* यह बात मुझे सही नहीं लगा। उस समय मुझे हिन्दी सीखने के लिए उत्साह कुछ ज्यादा ही था, हम सही हिन्दी बोलने का कोशिश जारी रखें। हम न केवल बातचीत के लीए हिन्दी को अपनाया था वाल्की हिन्दी भाषा में प्रकाशित समाचार पत्र पत्रिका को नियमित रूप से पढ़ने शुरू किया था। मुझे याद है की उसी समय जमशेदपुर से प्रकाशित हिन्दी **समाचार पत्र,- उदित बणी** काफी प्रचलित थे, और कॉलेज हॉस्टल में ये नियमित रूप से मिल जाता था।

मेरे हिन्दी सिखने में समाचार पत्र पढ़ना शामिल था, पर हिन्दी सिखने का और एक साधन मेरा पास था, वह था मेरा दो भतीजी मतलब तुम्हारी मिका दीदी और बर्षा दीदी की स्कूल की कुछ हिन्दी किताबें। बीच बीच में छुट्टी के दिनों में मैंने जमशेदपुर के टेल्को कॉलोनी (Telco Colony) में मेरे बड़े भैया के घर चले जाते थे और मैं अपना समय निकाल कर के उनलोगों का हिन्दी टेक्स्ट बूक पलट करके देखता था। उस समय मैंने हिन्दी में प्रकाशित सचित्र पत्रिका **अमर चित्रा कथा** मेरा दो भतीजी के साथ नियमित रूप से पढ़ते थे। मेरा कॉलेज टाइम में और एक हिन्दी पत्रिका में मेरा रुचि था , वह था **धर्मयुग,** जब भी समय मिलता जाता था मैंने **इस पत्रिका में प्रकाशित विभिन्न निबंधों** को पढ़ते थे। इस पत्रिका से मुझे बहुत सारे जानकारी बिस्तार रूप से प्राप्त होता था।

आज बोलने के लीए कोई संकोच नहीं है, पिछले कई सालों में मैंने न कोई हिन्दी पत्रिका ठीक से पढ़े न हिन्दी में प्रकाशित किताबों में रुची दिखाये। हो सकता है आज का दिन में कोलकाता में रहने का कारण और **बंगला भाषा की अधिक प्रभाव** के चलते हिन्दी में बातचीत करने का ज्यादा अवसर नहीं मिलता। मैंने हमेशा आधिकारिक उद्देश्यों से विशेष रूप से **मौखिक संचार** के लिए हिंदी का उपयोग करना पसंद करता हूं या प्रोयोग का कोशिश करता हूँ।

RIT जामशेदपुर में पढ़ने के कारण हिन्दी सिखने का लाभ न केवल उसी समय मिला था बल्कि बाद में उससे भी ज्यादा ही फाइदा मुझे मिला था। इंजीन्यरिंग का कोर्स पूरा होने बाद हमलोग नौकरी के लीए देश की अलग अलग भागों में पहँचे थे। उस समय इंजीन्यरिंग की सर्टिफिकेट का अलावा जो चीज विशेष रूप से हमारे पास था, वह था **हिंदी में बातचीत करने का अनोखा शक्ति, हिन्दी भाषा में बातचीत हमें कई प्रकार की डर से भयभीत नहीं होने का शक्ति प्रदान किया था।** रीजनल इंजीन्यरिंग कॉलेज में पढ़ने के कारण देश की सभी भागों से आये हुऐ छात्रों के बीच में एक बहुत ही आच्छे संबंध बिकसित हुआ था। हम एक दूसरे को अपना बना लिया था।

कॉलेज हॉस्टल में रहने का दौरान हमलोग कई सामाजिक और धार्मिक उत्सव में सक्रिय रूप से भाग लिया था, बहुत कुछ देखे, सिखे और साथ में ऐसा ही कुछ प्रचलित रितीं को अपना बना लिया था। हमारा कॉलेज में ज्यादातर बिहारी छात्रों, **अध्यापक** और **दूसरे कॉलेज अधिकारियों** को **प्रणाम सर** (Sir), **नमस्ते सब / साहब** इत्यादि शब्दों के साथ संबोधित करते थे। कॉलेज में सीनियर स्टूडेंट्स को भी संबोधित करते हुए **प्रणाम सर** बोलने का प्रथा चालू था। हमलोग इए रीति सही माने और अभी भी इसीको सही मानते हुए चल रहा हूँ। उसी समय न केबल **प्रणाम सर, नमस्ते,** जैसा शब्दों का प्रयोग में हम अपने को सीमित

नहीं रखे थे। कभी कभी बिहारी और दूसरे स्टूडेंट्स जैसा **राम-राम, राम-राम साहब** बोल के कई लोगो से बातचीत आरम्भ किया करते थे। जमशेदपुर में रहने के दौरान हम सब कितना सारे चीज सिखे, जाने जिस का कोई हिसाब नहीं है।, बस, इतना बोल सकता हूँ कि उस समय जमशेदपुर में रहने से जिंदगी का नया अंदाज़ मिला था। कॉलेज से पास होने के बाद बहुत साल तक हम ये सब बितें हुए दिनों को याद करते रहे।

सब का बात अगर नहीं करे, अपना बारे में जरूर बोल सकता हूँ की बिहारी छात्रों से अधिक मिलजुल हेतु बिहारी लोगो का प्रचलित विचार धाराओं से कुछ हदतक प्रभावित हुए थे। ये बात सही, हिन्दी था सबका भाषा, पर हिन्दी में बातचीत करने का तरीका में काफी अंतर महसूस किया, दिल्ली तथा उत्तर भारत की विभिन्न स्थानों से आये हुए छात्र जिस प्रकार हिन्दी में वार्तालाप करते थे वह बिहारी छात्रों से कुछ अलग जैसा था। हमारे लीए कोई भी तरीका अपनाना संभव था परंतु मुझे लगा था हिन्दी बोलने के लीए **बिहारी धारा** ठीक है और साथ में मुझे आसान महसूस हुआ था। बिहारी दोस्तों के साथ रहते हुए हमलोग हिन्दी के साथ साथ कुछ **भोजपुरी** और **छपराइया** शब्दों का प्रयोग सिख लिया था। जमशेदपुर में रहने के समय मैंने न केबल हिन्दी भाषा सिखे, और कुछ भी शिखा जो की बाद में मुझे किसी न किसी तरीका से कई प्रकार की लाभ प्रदान किया था और लोगो से मिलना-जूलना काफी आसान कर दिया था। मुझे आज भी याद है की आर०ई०टी जमशेदपुर में पढ़ने समय मेरा, जीवन शैली के कारण और साथ में बोलचाल को विचार करके कई लोगों ने मेरा नाम के साथ **आधा बिहारी / सेमी बिहारी** आदि शब्दों का प्रयोग करते थे। मुझे इस चीज को कभी खराब नहीं लगा, क्योंकि, हम जितना दिन बिहार में रहें" बिहारी जैसा ही रहे। जब हम किसी को देखते है, वह मेरा जैसा दूसरा कोई भाषा को या दूसरे की प्रचलित

रीति नीति और अभ्यास को सही तरीका से प्रयोग कर रहे है / प्रयोग करने का कोशिश कर रहा है, वह मुझे अच्छा लगता है क्योंकि ये चीज मेरा विचार धारा से मिलता है।

कॉलेज से पास होने का बाद बहुत साल तक हम इये सब बातें हुए दिनों का याद करते रहे। नकरी करते समय बहुत बार आर०इ०टी जमशेदपुर में अर्जित ज्ञानों का प्रयाग ऐसे किया था जो काफी लाभ दायक साबित हुआ था। एक घटना की उल्लेख करते है, याह केबल हिन्दी में बातचीत करने का खमता और बिहारी जैसा बातचीत का तरीका से मुझे बिशेष सहयोगिता मिला था। RIT से पास होने का तुरंत बाद मुझे गुजरात की भाड़ोदरा (बरोदा) शहर में नकरी मिला था। मुझे Indian Petrochemical Company Ltd (IPCL) जो आज का दिन में इये बन गिया Reliance Petrochemicals India Ltd.(RPIL) कोंपनी की प्लांट एरिया की अंदर ब्रिज अँड रूफ (Bridge & Roof Company Ltd.) का प्रोजेक्ट साइट ऑफिस में रिपोर्ट करना था। बरोदा रेलये स्टेशन से एक औटो रिक्शा लीआ था और उससे एही बात हुआ था वह मुझे IPCL Baroda की मैन गेट तक पौछा देंगे, पर वह औटोवाला मुझे IPCL का दूसरा गेट में छोरदिया था जो केबल वह का Industrial Materials अंदर जाने लीआ निधारित था, कोई भिजिटर के लीए उसी गेट से किसिको कोई दफ्तर में जाना माना था। उस गेट का एक सेकुरिटी गौर्ड से पता चला मुझे IPCL की दूसरे गेट से अंदर जाना है, जो वहा से काफी दूरी पे थे, बिना कोई गढ़ी से पौछना संभव नहीं था। जिस ऑटो रिक्शा से हम उस गेट में पौछे थे, वह तबतक निकाल गिया था। पूछताछ से मुझे मालूम परा की उस स्थान से कोई भी गाढ़ी वलकी पब्लिक ट्रांसपोर्ट आसानी से नहीं मिलता था। मेरे लीए स्थिति काफी गंभीर हो गिया था, बरोदा शहर भी बापस जाना मुसकिल था। उस समय मुझे लगा सेकुरिटी प्रमुख से

एक बार बात करना चाहिए, हो सकता है कुछ तरीका निकाल आये। इस ऊमीद के साथ कुछ पूछताछ की और मुझे इए जानकारी मिला की, वह की सेक्युर्टी इन-चार्ज तब से करीब एक घंटा के बाद उस गेट ऑफिस में पौछंगे। IPCL उस गेट की बाहर रोड साइड का चाये दुकान कुछ खाना खा के इंतेजर करने लगे। सही समय पर वह सेकुरिटी इनचार्ज वहा पर आकर पौछा, कुछ देर गेट ऑफिस का अंदर बैठेने का बाद मेरा बारी आया उनसे मिलने का। पहेला नजर में मुझे लगा इए बक्ति जरूर बिहार इया तो यू पी (UP) से होंगे, बस, मेरा मन में तुरंत ही बिहारी प्रचलित रीति आ गिया था और उनको हम **राम–राम साहब** बोल के सोंबोधित किया, खुशी की बात तो इये था, मेरा अंदाज सच निकला, वह सेक्युर्टी–इन-चार्ज (Security In-charge) मुझे भी राम राम बोला और आनंद के साथ अपने सामने रखा हुआ कुर्सी मे बैठने के लीए आज्ञा किया। साथ ही साथ मुझे पूछा "किस प्रकार मदत आप को चिहीए?"साथ में ए भी बोले, "होगा तो हम जरूर प्रयास करेंगे..... " । मैंने बात पारंभ किया इये बोल के, सब, हम जमशेदपुर, बिहार से आए है, जहां पे ब्रिज अँड रूफ कंपनी में मेरा पहेला नकरी मिला, आज मुझे IPCL के अंदर इस कंपनी का प्रोजेक्ट ऑफिस में रिपोर्ट करना है....... "कुछ बात होने की बाद में वह सेकुरिटी इन-चार्ज मुझे पूछा, "**किया आप बिहारी है .... ?** "हम अपना बिहारी संयोग की बात किया और बोले, "**बिहारी नहीं हु पारुंतु बिहारी जैसा ई हु ...** "। और कुछ समय तक हमारा बर्तालप चलता रहे, उन्होने मुझे इये भोरोसा दिलाया, "आप का कम आज शाम पाँच बजे का अंदर हो जायेगा..."बातचीत की बीच में उन्होने एक क्रर्मचारी को बोले, चाए कुछ भाजी लाने के लीए। अपना काम करते हुए, किसिकों फोन लगाया और बोले, कोई एक गाढ़ी या एक जीप उस गेट ऑफिस के पास

भेजने के लीए। जब तक चाये पानी चालता रहा, मेरा और उनका बातचीत में बहुत सारे बिषय आए, उनहने अपना फौजी में काम करने का अनुभव जताया, बिहार का कोई स्थान पर उनका परिबर और सज्जनों रहेने का बारे में मुझे जानकारी दिया था। कुछ देर का बाद एक जीप सेकुटिटी गेट ऑफिस का पास आ पौछा, वह सेकुरिटी ऑफिसर ने खुद जीप ड्राईभर को निर्देश दिया, कहा और कैसे जाना होगा। एक सेकुरिटी गौर्ड ने मेरा समान जीप में चढ़ा दिया था, जाते वक्त हम वह बक्ति और साथ में दूसरे लोग जो यहा थे सबको अपना सुक्रिया अदा किया, साभिकों **हात जोढ़ करके नमस्ते बोले और बिदा लिये था।** जीप चल दिया और कुछ देर में मुझे सही जगहा पर छोढ़ दिया था। उस दिन पहेले तो मुसकिल जरूर आया था पर सज्जन बक्ति का सहायता से मुसकिल आसान हो गिया था, मेरा काम सही समय पर सही तरीका से हो गिया था। उस दिन मुझे इस बात की एहसास हुआ था की **हिन्दी में बातचीत करना साथ मे प्रचलित रीतियों को सही तरीका से अपनाने का महात्या कुछ अलग ही है।** उस दिन मुसकिल स्थिति में मुझे जो भी फाइदा मिला था, हो सकता है वह था **मेरा बिहार और बिहारी संयोग के कारण से।** आज इतना दिनों बाद फिर एक बार उस घटना को याद करते अच्छा लग रहा है।

कोई बार नौकरी बदलने का बाद 1998 की मई महिना में शुरुयत हुआ था मेरा CSIR का सर्विस, **CSIR इंजीन्यरिंग सेबा प्रवाग** (Engineering Services Division - ESD) की नई देल्ली स्तिथ दफ्तर में नियुक्त होने का कुछ दिनों में मुझे ट्रान्सफर ऑर्डर मिला था, गोवा में **राष्ट्रीय समुद्र विज्ञान संस्था** (National Institute of Oceanography - NIO) रिपोर्ट करने के लिए। उस समय मुझे जो काम सौपा गिया वह था, **गोवा की वास्को-डा-गामा** में

स्थित **अंटर्टिक आध्यान केंद्र** (Antarctic Study Centre) प्रोजेक्ट का फ़र्स्ट फेज की काम सम्पूर्ण करने का। इये बोलना जरूरी है की अभी इस केंद्र का नाम बदल के हुआ है – **नेशनल सेंटर फॉर अंटर्टिक ओशन रिसार्च** – National Centre for Antarctic & Ocean Research- NCAOR). मुझे दिया गिया कम इस केंद्र में था, इस लिए मुझे वास्को-डा-गामा में साइट ऑफिस में जाना था। गोवा जैसा नया स्थान में जाने से पाहेले वहा पे काम करने तरीका और काम से जुरा हुआ लोगों के बारे में मन में कुछ संसय जरूर था पर प्रोजेक्ट साइट में पौछेने का बाद ही पूरी तारह से बदल गिया था। उस समय प्रोजेक्ट इन चार्ज थे **श्री आर डी वर्मा** (सिविल इंजीनियर) और उनके साथ थे इलैक्ट्रिकल इंजीनियर **श्री बच्चा सिंह**। जब पहेला दिन हम साइट ऑफिस में आए थे उस दिन मेरा बातचीत का शुरुयात ही हुआ था हिन्दी में। मुझे मालूम था गोवा में अंग्रजी का प्रचलन जादा है परंतु पहले दिन मुझे लगा इए दिल्ली की कोई दफ्तर जैसा। दिल्ली में CSIR- ESD का ऑफिस और वास्को-डा-गामा मे प्रोजेक्ट साइट में कोई जादा अंतर नहीं लगा। कॉलेज की समय से हिन्दी में बातचीत करने का जो धारा चालू हुआ था, बीच में कुछ साल बंध रहे, पर दिल्ली और बाद में गोवा पौछेने के साथ साथ वह दुबारा पहेले जैसा ही चालू हो गिया था। अंटर्टिक स्टडि सेंटर प्रोजेक्ट में करने का दौरान ESD का **तीन सिविल इंजीनियर, श्री दीपक कुमार, श्री जयंत कुमार वर्मा और श्री एस के झा** के साथ काम करने का अबसर मिला था। जहां पे इए बात महात्यपूर्ण है ESD का इये तीनों सिविल इंजीनियरऑ का अपना घर था बिहार का अलग अलग स्थान पर। श्री आर डी वर्मा और श्री बच्चा सिंह, इये दोनों थे उत्तर प्रदेश की निबसी। कुछ समय ऐसा महसूस होता था की हम दुबारा RIT जमशेदपुर कॉलेज कैम्पस में बापस चलें गये। **अंटर्टिक आध्यान केंद्र** तथा Antarctic Study Centre की निदेशक,

ड: पी सी पांडे इस केंद्र की अबसीय परिसर में रहेते थे, मैं अपना परिबार (पत्नी और पुत्री के साथ) उसी परिसर में दूसरा एक फ़्लैट मे रहते थे। पांडे साहब की परिबार की साथ मेरा परिबार का बहुत ही अच्छे समन्ध रहे। हामेरे बीच में केबल हिन्दी में ही बर्तालाप होता था। यहा एक बात जरूर बोलना होगा की हम जब गोवा की वास्को- डा-गामा में रहे, तब सिविल इंजीनियर श्री दीपक कुमार उनके पत्नी और एक बच्छी को लेकर कुछ महिना के लीए वह पे एक दूसरे फ़्लैट में रहे। उस समय हमारे बीच में घरेलू जैसा समन्ध तैयार हो गिया था। **मेरा पुत्री (श्रीजा /दुर्गा)** और दीकक कुमार की **पुत्री (शिवांगी / शुबी)** दोनों ही चार – पाँच साल की करीब थी और दोनों में प्यारी दोस्ती रही। उसी समय तुम, (श्रीजा) ने अपने सहेली शिवांगी से हिन्दी का बहुत सारे शब्दों शेखे और सही बोले तो, उसी समय से तुमने हिन्दी में बातचीत करना शुरू की थी। हम करीब दश महिना गोवा की वास्को-डा गामा में बिताये पर यहा की भाषा – कोंकोनी नहीं शेखे थे, इये बात सही, हम लोग हिन्दी को ऐसा प्रयोग करते थे की दूसरा भाषा शिखने का कोई जरूरत ही नहीं परा। दफ्तर की काम के लीए केबल अंग्रजी ही चालु था, हिन्दी का प्रयोग नहीं होता था इय तो हम नहीं देखे थे।

गोवा में निधारित काम खतम होने की बाद हम बापस चले गाये और CSIR – ESD में और करीब साढ़े पाँच साल लगातर रहे दिल्ली में। शुरू में कुछ समय पश्चिम दिल्ली की जनकपुरी में रहे बाद में महारानी बाग स्थित CSIR Scientists Apartments (MBSA) सब के साथ बहुत ही आच्छे से कोई साल बताए और इस दौरान बहुत लोगो से मिले, बहुत कुछ शेखे, हमारा मिलमिश ऐसा था की हमलोग बन गये थे एक बढ़ा परिवार का कोई सदस्य। देश की अलग अलग जगह आये लोगो का एक ही भाषा था और वह था हिन्दी। बहुत साल हो

गये पर हम एक दूसरे को समय समय पर याद करते रहते है। **होली, दिवाली दुर्गा पुजा** जैसा तहोर में हम दूसरे के खुशियाँ बाटते है, थोरा समय के लीए भी हो, कुछ न कुछ बर्तालाप चलता रहेता है, मान लीया जा सकता है, इए **हिन्दी भाषा की कमाल, सब को ज़ोर दिया** है।

हमारा देश में बहुत सारे भाषा है, सभी भाषाओं का अपना महत्व है, हो सकता है कोई भाषा कम प्रचलित, कोई भाषा अधिक। कोई भी अपना भाषा के आलबा दूसरा कोई भी भाषा का थोरा सा भी जानकारी रखे तो कभी न कभी, कोई न कोई प्रकार से फाइदा जुरुर मिल ही जाता है। हिन्दी भाषा का बारे में जो बात बहुत प्रचलित है की "हिन्दी भाषा में तथा बाक्य मे 'लिंग" का प्रयोग आसान नहीं है, हम इस बात को खंडन नहीं करना चाहेते है, बस इतना बोल सकता हु की मैंने हिन्दी शेखने का समय न तो कोई हिन्दी ब्यकरण की पुस्तक पढ़े थे, सच तो इये था, इस प्रकार की कोई भी केतब की पन्ना पलट करके देखने का इच्छा भी नहीं था। कोई भी जब बातें करते थे, हम उसी को ध्यान से शुनते थे, कोशीश कोरते थे की वह याद रहे, बाद में जरूरत की मुतबेक उसी प्रकार से हिन्दी ब्याकों का प्रयोग हो जाय। हिन्दी में बात करने का अलग अलग होने कारण हम जानबुझ के हम बिहार छात्रों का बातचीत का धारा को अपनया थे। मेरे लीए था, **सुनो, शेखो**, और **फिर बलो**, सही है तो अच्छा है, नहीं है तो, सोच ने कोई बात नहीं, बस, **काम चलना चेहिए.....**" जब कॉलेज में पढ़ते थे, उसी समय जो भी और जैसा भी हिन्दी शिखे, उसी से आजतक काम चल रहे है। एक बात सही, जब हम CMERI दुर्गापुर में रहे, तब मेरा नाम **सरकारी हिन्दी (राजभाषा)** शिखने के लिए दाखिल हुआ था किउकी हम स्कूल की पढ़ाई **बंगला माध्यम** से किया थे (मतलब हिन्दी मेरा अपना भाषा नहीं था....)। इस

प्रकार की हिन्दी शेखेने का बारे में जो बात सुना जाता था , वह था, **पास करो पैसा पाउ।** हाँ, हिन्दी में पास करने से मुझे भी **पैसा (इंक्रीमेंट)** मिला था।

कॉलेज में पढ़ने का समय जब हिन्दी शेखना शुरू किया था तब, हिन्दी में पत्र, पत्रिका औरे किताबें पढ़ेने का कुछ आदत हो गिया था, कुछ साल तक वह चालू रहे, अभी इए आदत बिगर गया, हिन्दी पढ़ना फिर भी आसान है पर हिन्दी में कोई निबंध लिखना एक मुसकिल काम लगता है, किउकी काफी दिन से कोई छोटेमोटे शब्दो छोरके हिन्दी में लिखने का जादा कोई प्रयास नहीं किया थे। आज हिन्दी में इये निबंध लिखेंने दौरान सोच समझकर कर शब्दों का चयन करना पढ़ रहा है। हिन्दी में मेरा पहेला निबंध कैसा होगा, कैसा लगेगा दूसरे को, इये बोलना मुसकिल है, बस, यहा पे मैंने हिन्दी भाषा को अपनाने का निज अनुभव को प्रकाश करने का प्रयास किया। मेरा बिचार में कोई भी भाषा शिखेने के लीए दूसरे को अनुकरण करना एक आसान तरीका है। कितब पढ़के अगर कोई शेखे, जाने, वह जरूर अच्छे बात है। जब किसी को अपना जगह छोर कर दूसरे कोई जगह पे जादा दिनों के लिये रहना है तब उसे वह जगह का भाषा जरूर शिख लेना चाहिए। लोगों से बिना कोई संकोच के मिलझुल करना चाहिए, उस स्थान का प्रचलित रीतियों को सही सम्मान प्रदान भी करना चाहिए। कुछ बिशेष शब्दों का प्रोयोग ऐसा करना चाहिए जो की खुद कोइ लागे –“हम सब के साथ है ... अलग नहीं है”।

अपना संस्थान - आई०आई०सी०बी (IICB) जादबपुर में ऐसा कुछ कर्मचारी, विज्ञानी तथा आधिकारिक को देखें जो लोग इस बंगाल प्रदेश की नहीं होते हुए भी बंगला में अच्छे तरीका से बर्तलाप करते है। हमारे संसथा की एक टेकनीकी सहायक, **श्री के, सुरेश कुमार** से मेरा बहुत बार बातचीत हुया है,

होता रहेता है, **श्री सुरेश कुमार आंध्रप्रदेश से** यहा आ कर बहुत ही कम समय में अच्छा बंगला शिख गिया और अभी हमेशा बंगला में बात करना पसंद करते है। हम उनको कोई बार इस के लिये प्रोत्साहित किया हु। हो सकता है की मेरा जैसा, कुछ समय का बाद श्री सुरेश कुमार की नाम के साथ **"आधा बंगाली"** शब्दो प्रयोग करने लगे। स्रेफ़ श्री के,सुरेश कुमार नहीं इस संस्था में और कोई लोगों का नाम लिया जा सकते जो यहा का नहीं होने का बावजूद अच्छे तरहा से बंगला भाषा में बर्तालाप कर लते है। **ड: राजन बेदोशेरोमोनी** बंगला में अधिक बातचीत करने का कारण **ड: राजन** से "सब के पास **राजन दा** नाम से जादा प्रचलित हो गिया है। श्रीमति निराली बागे ने खुद को **बंगाली** बना ली है। IICB जदबपुर कैम्पस मे **ड: बी, सुरेश कुमार, ड:पी जयशंकर ड:श्रीमति नीता एम भी खालको, श्री उमा शंकर दास, श्री आसीम कुमार झा, विशाल अग्रोवल** जैसा कोई लोग है जो जरूरत के हिसाब से यहा का चालू भाषा बंगला को आसानी से प्रोयाग कर लाते है। IICB जादबपुर कैम्पस देखे है अफ्रीकी देशो से आए एक रिसार्च फ़ेलो बहुत समय बंगला और हिन्दी में आच्छे तरीके से बितचीत कर रहे है, इये हमारे लिए सही में शिखने लायक है। जो की मेरे पास पूरी जानकारी नहीं है, ऐसा बहुत सारे लोगोने अपना भाषा की अलावा दूसरे भाषा में काफी रुचि राखते है। अंत मैं इतना ही बोल सकता हु की है हमे दूसरे का भाषा और रिती-नीति को प्यार से अपनाना चाहिए....... चाहे उस कारण से किसी की का नाम के साथ "बिहारी"," बंगाली" "ओरिया" "मराठी" की "गुजराती" आदि कुछ बिशेष शब्दों तथा कोई "बिशेषण" ज़ोर जाय।

यह सच है कि तुम **केंद्रीय विद्यालय** में अध्ययन की इस लिए प्रथम कक्ष से हिंदी सीखने का मौका मिला था, सायद तुम नहीं जानती हो कि जब

केवल चार साल की थी और हमलोग पश्चिम बंगाल के सिलीगुड़ी (दार्जिलिंग जिला) में रहते थे तब तुम्हारे हिंदी सीखने की प्रक्रिया शुरू हुई थी। इसके बाद कुछ समय हमलोग जब गोवा की वास्को-दा-गामा में रहने लगे तब तुम्हें हिन्दी शब्दों प्रयोग के बारे में सही अंदाज लग गया था। साल 1999 से हमलोग दिल्ली निवासी बन गए थे और तब से तुम्हारा प्राथमिक शिक्षा केंद्रीय विद्यालय (टेगोर गार्डेन) में शुरू हुई। आज फिर मुझे वे दिन याद आ रहे,जब तुमने कोलकाता के केंद्रीय विद्यालय, कमांड अस्पताल, अलीपुर में अध्ययन कर रही थी तब कुछ मौकों पर तुम्हारे हिंदी शिक्षक ने सबके सामने तुम्हरी हिंदी रचना की अवधारणा की सराहना किए थे, हमे बहुत अच्छा लगा था।

मेरा पत्र बहुत ही लंबा हो चुका है, आज और कुछ नहीं लिखना, मैं यहां रुक रहा हूँ। इस पत्र के अंत में,आसानी से समझने के लिए संबंधित विषयों पर आधारित कुछ तस्वीरें या चित्र को लिए संलग्न कर रहा हूँ।

सभी शुभकामनाओं और आशीर्वाद के साथ तुम्हारे - बाबा (पापा)

राष्ट्रीय समुद्र विज्ञान संस्था, गोवा

RIT Jamshedpur में कुछ बिहारी साथियों के साथ

[बायें से दायें – अजय कुमार श्रीवास्तव (पीछे), बिरेन्द्र नारायण सिंह (सामने), सी, देबदास, अशोक कुमार सिंह (पीछे खरे), चन्द्रभूषण सिंह ,कामेश्वर प्रसाद सिंह (सबसे दायें)]

अंटर्टिक आध्यान केंद्र में दुर्गा

(बर्तमान - नेशनल सेंटर फॉर अंटर्टिक ओशन रिसार्च)

बायें से दायें - पीछे लिने में - श्री जे के वर्मा, सी० देबदास और दीपक कुमार,

बायें से दायें - सामने लिने में – कु: नेहा वर्मा, श्रीजा देबदास (दुर्गा) और शिवांगी/शुबी

संजीवनी

क्या आप बिहारी हैं?

चिरंतन देबदास
इंजीनियरिंग सेवा इकाई विद्युतिकी
E-mail - debdaschirantan@yahoo.com

सात साल से अधिक समय तक रहने के बाद पिछले साल 2014 के नवम्बर महीने मे हमलोग कोलकाता के लेक रोड स्थित सीएसआईआर आवसीय परिसर (सिरसा) छोड़कर शहर से करीब 15 किमी. दूरी और एक आधुनिक बहुतल आवासीय -'ड्रीम सिटि महेशतला' में रहने लगे। इसी कारण से इस साल नए स्थान पर नए सामाजिक मेलजोल में होली तथा रंग का त्यौहार मनाने का अवसर मिला। उस दिन अधिकतर निवासी मेरे लिए नए थे और आज भी कई लोग नए हैं। होली के दिन सुबह करीब आठ बजे से दोपहर तक यहाँ के मुख्य खेल मैदान के आसपास छोटे-छोटे गुटों में लोगों ने गपशप करके कुछ वक्त बिताया। इसी समय हमलोगों ने बहुत सारे विषयों पर बातचीत किया और कई लोगों ने अपने-अपने विचार जाहिर किए। यहां बंगला के अलावा ज्यादातर वर्तालाप हिन्दी में हुआ। देश के विभिन्न भाग में रहने के कारण मेरे लिए हिन्दी में बातचीत करना काफी आसान था। हमारे बातचीत के बीच एक बुजुर्ग आदमी ने अचानक ही मुझसे पूछा कि 'क्या आप बिहारी है?' मैंने उनके प्रश्न की उत्तर देते हुए कहा कि मैंने जमशेदपुर स्थित रीजनल इंजीनियरिंग कॉलेज तथा रीजनल इंस्टिट्यूट ऑफ टेक्नोलॉजी Regional Institute of Technology (RIT) में अध्ययन किया, तब यह कॉलेज बिहार में था और बाद में जमशेदपुर झारखंड प्रदेश का अंश बना, आज यह कॉलेज नेशनल इंस्टिट्यूट ऑफ टेक्नोलॉजी National Institute of Technology (NIT) S जमशेदपुर के नाम से जाना जाता है और भी बताया कि जमशेदपुर में रहते हुए हिन्दी में बातचीत सीखी और बिहार के लोगों से एक अनुभवी संपर्क स्थापित हुआ जो अभी भी जारी है। होली के दिन कई लोगों ने मुझे हिन्दी में बातचीत करने के लिए विशेष रूप से प्रोत्साहित किया और इस आदत को बरकरार रखने के लिए कहा।

होली के कार्यक्रम खत्म होने के बाद सभी लोग अपने-अपने घर वापस चले गये और उसी दिन शाम के समय, मैं सोचने लगा, क्या था हमारी बातचीत का विषय फिर उस व्यक्तिक वार्तालाप और प्रश्न ''क्या आप बिहारी है?'' को याद करते हुए मैं कई साल पीछे आर टी आई जमशेदपुर की हॉस्टल में पहुँच गया। सोचते सोचते मैं कुछ भावुक बन गया था, मुझे याद आया कि 'कैसे थे वे सब बीते हुए दिन...' हमलोग कैसे रहते थे हॉस्टल में...' 'कैसे सीखे हिन्दी में बातचीत करना...' और भी बहुत कुछ। आर. आई. टी. जमशेदपुर में पढ़ने के कारण न केवल बिहार बल्कि पूरे हिन्दुस्तान के छात्रों से मिलजुल कर रहने का एक अनूठा अवसर प्राप्त हुआ था। उसी समय मुझे इस बात का एहसास हुआ कि 'हिन्दी सबकी भाषा है, हिन्दी है तो सब एक हैं' और ऐसा ही एक समय आया था जब हिन्दी बन गयी 'अपनी भाषा'। कॉलेज के प्रथम वर्ष में जब पहली बार मैं आर. आई. टी. जमशेदपुर के कैम्पस में पहुँचा था, तब मेरे लिया हिन्दी में वर्तालाप करना आसान नहीं था, विभिन्न हिन्दी शब्दों के प्रयोग के बारे में सही अंदाज नहीं था, हिन्दी में बात करते समय अंग्रेजी शब्दों का प्रयोग कुछ ज्यादा हो जाता था। शुरुआत के दिनों में वह केवल 'काम चलाने लायक हिन्दी था।' कॉलेज छोड़ने के बाद बहुत दिन बीत गए। समय के साथ हरेक दिशा में काफी बदलाव आया और हमारे सोच में भी काफी परिवर्तन आया। उस समय हम लोग कॉलेज स्टूडेंट्स थे और आज हमारी पुत्र-पुत्री कॉलेज की पढ़ाई कर रहे हैं या तो कॉलेज एडुकेशन पूरा कर चुके हैं। आर. आई. टी. जमशेदपुर में भर्ती होने के कुछ दिनों बाद इसे नयी चीज महसूस हुई कि हिन्दी सीखना और हिन्दी में बातचीत करना बहुत ही जरूरी है, हिन्दी के बिना आगे बढ़ना काफी मुश्किल है। यह बात सच है कि कॉलेज में भर्ती होने के समय कोई लोगों ने बोला - 'इंजीनियरिंग पढ़ने के लिए इंग्लिश-ही काफी है, केवल

21

राजभाषा पत्रिका – **संजीवनी** के अंश

ऊर्जा - कल के लिए

जय माँ

12 अगस्त 2022 (रक्षा बंधन)
कोलकाता

प्यारी पुत्री दुर्गा,

आज एक विशेष दिन है, यह **रक्षा बंधन** का दिन है क्योंकि यह दिन हमारे पूरे देश में बहुत ही पारंपरिक तरीके से मनाया जाता है। यहां यह उल्लेख करना महत्वपूर्ण है कि राखियां, विशेष प्रकार के धागे जो तुम आपने भाइयों (चचेरे भाइयों) के लिए भेजे थे, उन्हें दो दिन पहेले ही प्राप्त हुआ और हमारे परिवार के सभी सदस्यों को यह बहुत पसंद आया और उन्होंने तुंहरे समय पर किए गए कार्यों और भावनाओं के लिए परिवार के विभिन्न सदस्यों विशेष रूप से सराहना की। मैं जानता हूं कि करीब तीन साल के लंबे अंतराल के बाद यह हिंदी में लिखा पत्र पाकर तुम आश्चर्यचकित रह जाओगी।

कुछ दिन पहले एक बार कुछ पुराने दस्तावेज़ों की खोज के दौरान मैंने तुम्हेरे नाम पर लिखा गिया अपने पत्रों की प्रतियाँ मिल गिया। वर्ष 2019 में, लगभग चार-पांच महीनों की अवधि के भीतर (अप्रैल – सितंबर 2019) मैंने विभिन्न स्थितियों का वर्णन करने के लिए कुल बारह पत्र लिखे थे, जिनसे मैं या हम गुजरे थे और कुछ व्यक्तिगत अनुभव प्राप्त किए थे। उन पत्रों में मैंने कुछ सामाजिक प्रणालियों और हिंदू अनुष्ठानों के बारे में अपनी भावनाओं को व्यक्त करने का प्रयास किया। तुम जानति हो, पिछले वर्ष दो पुस्तकें (व्यक्तिगत पत्रों का संग्रह), **See, that is Sagarkanya** और **The Hill Cart Road** शीर्षक के साथ प्रकाशित हुई हैं, मुझे नहीं लगता कि किसी परिचय की आवश्यकता है, केवल एक बात मैं बता सकता हूं कि कुल पचास पत्र थे और

सभी मैंने अंग्रेजी में लिखे थे। अब मैं हिंदी में एक छोटी पुस्तक या e-Book का आकार देना चाहता हूं जो मेरी अन्य दो पुस्तकों के समान होगी जिसमें भी तुम्हें लिखा गिया कुछ पत्र का संकलन होगी। पुस्तक का प्रकाशक वही हो सकता है। आप जानते हैं कि उपरोक्त दो पुस्तकों में मैंने तुम्हें तुमहेरि बचपन के दिनों के बारे में बताने की कोशिश की थी जब हमलोग **दार्जिलिंग** जिले के सिलीगुड़ी और गोवा के **वास्को-डी-गामा** में रहते थे। इस बार मेरे मन में अलग-अलग विचार और विचार आ रहे हैं।

शायद आपने सुना होगा कि सी.एस.आई.आर (CSIR) सेवा से मेरी सेवानिवृत्ति के तुरंत बाद मुझे इसी प्रकार के कार्यों और संबंधित गतिविधियों के लिए कुछ संगठनों के साथ पेशेवर रूप (Professional Attachments) से जुड़ने के कुछ अवसर मिले थे। मैंने व्यक्तिगत रूप से स्वयं को इससे दूर रखा और आज भी मेरी वही राय है। मैं जानता हूं, हर समय घर पर रहने के कुछ नुकसान हैं। अब यह मेरी समझ है कि जब मेरे पास कम उपलब्ध समय था तब मैं अधिक कुशल हो गया था तब मेरा समय प्रबंधन बहुत बेहतर था। यहां मैं कह सकता हूं कि अभी भी मुझे कुछ चुनिंदा विषयों पर पत्र और छोटे लेख लिखने की पुरानी आदत है, इस तरह मैं अपना समय व्यतीत करता हूं, जाहिर तौर पर आप मुझे मेरी जीवन शैली में कुछ बदलाव लाने के लिए कुछ सुझाव दे सकते हैं।

बहुत लंबे अंतराल के बाद मैंने आपके नाम यह पत्र लिखना शुरू किया है, मुझे पता है कि हमेशा की तरह या मेरे पिछले पत्रों की तरह यह भी लंबा हो सकता है, क्योंकि मैं व्यक्तिगत रूप से अपने शब्दों का उपयोग करके अपने विचार व्यक्त करने में सहज महसूस करता हूं। मैंने कोलकाता और इसके आसपास दुर्गा पूजा के उत्सव के बारे में सोच रहा हूँ क्योंकि हम विशेष उत्सव के दिनों के दौरान होने वाले आनंद को नज़र अंदाज नहीं कर सकते हैं। हमें आशा है कि तुम हमारे

साथ चार-पांच दिन बिताने के लिए अपना समय स्वयं प्रबंधित करने में सक्षम हैं। पहले से अपनी यात्रा योजनाओं के बारे में सूचित कर देना।

हम सभी जानते हैं कि समय के साथ मौजूदा प्रणालियों में कुछ बदलाव स्पष्ट हैं और यह एक सतत प्रक्रिया है। हाल के समय में विभिन्न अवसरों पर हमने अपने चारों ओर कुछ बदलाव देखे हैं जिनके बारे में मैं कह सकता हूं कि वे वास्तव में ध्यान देने योग्य हैं। आजकल अलग-अलग श्रेणियों के अलग-अलग उद्देश्यों के लिए अलग-अलग प्रकार के **बैटरी चालित वाहन** बहुत आम हैं। मुझे लगता है कि आप इस बात से सहमत होंगे कि कुछ साल पहले भी इस तरह के बैटरी चालित वाहन हमारी सोच से बाहर था। मान लीजिए कि एक दशक पहले हमारे शहर में **सार्वजनिक परिवहन** के सीमित विकल्प थे। आज मैं हमारे देश भर में परिवहन प्रणालियों में कुछ महत्वपूर्ण बदलावों और विभिन्न ईंधनों की अवधारणा में बदलाव के बारे में कुछ पंक्तियाँ लिखने का प्रयास करूँगा।

कल से दो दिन पहले कुछ निजी कार्यों के कारण मैं Salt Lake और New Town गया था और तदनुसार मैं जादवपुर बस टर्मिनल (8B Bus Stand) पहुंचा क्योंकि वहां से शहर के उस हिस्से के लिए बसें उपलब्ध हैं। जैसे ही मैंने अपने घर से शुरुआत की, मुझे एक **बैटरी चालित साइकिल रिक्शा** मिला और बस टर्मिनल पर पहुंचने के बाद मैंने देखा कि हमारे शहर के भीतर विभिन्न गंतव्यों के लिए अलग-अलग बसें (सरकारी बसें) थीं। यहां मैंने देखा कि उस समय कुल छह बसें थीं और उनमें से जिस बस (S -9) का मैंने लाभ उठाया, उसे मिलाकर पांच बसें पश्चिम बंगाल परिवहन विभाग की **इलेक्ट्रिक बस** (Electric / Battery operated Bus) की थीं। मैं आराम से Salt Lake City Centr – II के पास पहुँच गया क्योंकि वह **वातानुकूलित** (AC) था। वापस आते समय मैंने साल्ट लेक-करुणामयी बस टर्मिनल तक पहुंचने के लिए

एक **बैटरी चालित रिक्शा** का उपयोग किया, वहां से मुझे फिर से जादवपुर वापस लौटने के लिए एक **वातानुकूलित इलेक्ट्रिक बस** मिली।

समय के साथ विशेषकर शहरी या औद्योगिक क्षेत्रों में रहने की हमारी अवधारणा भी कई मायनों में बदल गई है। हमारे पास अपनी दैनिक जरूरतों के लिए विभिन्न ईंधन का उपयोग करने के विभिन्न विकल्प हैं। **पेट्रोल, डीजल, केरोसिन, तरल पेट्रोलियम गैस (LPG)** आम ईंधन हैं लेकिन हाल के वर्षों में केरोसिन की खपत में काफी कमी आई है क्योंकि केरोसिन लैंप ज्यादातर अप्रचलित हैं और घरेलू रसोई में केरोसिन स्टोव का उपयोग शायद ही कभी किया जाता है। जाहिर तौर पर यह उल्लेख किया जाना चाहिए कि कुछ दशक पहले भी **कोयले** का उपयोग खाना पकाने का सबसे आम ईंधन था, अब हमें कोयले और इसी तरह की वस्तुओं को बेचने के लिए किसी भी छोटे शहर में भी शायद ही कोई दुकान मिल पाती है। यह तथ्य है कि कुछ ग्रामीण क्षेत्रों में **सूखी लकड़ियाँ, पत्तियाँ** और अन्य समान सामग्री अभी भी उपयोग में हैं क्योंकि वे स्थानीय रूप से उपलब्ध ईंधन हैं।

हम इस बात से सहमत हैं कि विभिन्न प्रकार के परिवहन के लिए पेट्रोल और डीजल की खपत तत्काल आधार पर कम नहीं की जा सकती क्योंकि विभिन्न प्रकार के परिवहन की संख्या बहुत अधिक है और पूरे देश में विभिन्न आवश्यकताओं को पूरा करने के लिए यह बढ़ती रहती है। पेट्रो-आधारित उत्पादों **(एलपीजी सहित सभी प्रकार के ईंधन)** के सीमित भंडार के तथ्य को जानते हुए, विभिन्न सरकारी विभाग विभिन्न उपयुक्त समाधान खोजने और विभिन्न पारंपरिक ईंधन के गंभीर संकट के कारण उत्पन्न होने वाली स्थितियों पर काबू पाने के लिए दशकों से लगे हुए हैं।

अब विभिन्न श्रेणियों के **बैटरी चालित या इलेक्ट्रिक वाहन** (Electric Vehicle) आम नागरिकों के बीच विश्वास हासिल कर रहे हैं और हमें विश्वास है कि निकट भविष्य में कई और नए इलेक्ट्रिक वाहन भारतीय सड़कों पर आएंगे। बेहतर कल की ओर बढ़ने के लिए यह निश्चित रूप से एक सकारात्मक प्रवृत्ति है। हम जानते हैं कि मौजूदा प्रकार की परिवहन प्रणालियों (विभिन्न पेट्रो आधारित ईंधन से संचालित) से तथाकथित नए विभिन्न प्रकार और उद्देश्यों के विद्युत चालित वाहनों पर स्विच करने में कुछ समय लग सकता है। सड़क पर वाहनों के प्रकारों में इस तरह के बदलाव की प्रक्रिया की पृष्ठभूमि के बारे में भले ही आम लोगों को जानकारी न हो, हम कह सकते हैं कि यह **पारंपरिक पेट्रो-आधारित ईंधन पर निर्भरता में कमी के लिए** सरकारी विभागों की उचित योजना का परिणाम है। हम सभी को यह स्वीकार करना चाहिए कि भविष्य के लिए स्पष्ट दृष्टिकोण के बिना इस प्रकार के परिणाम प्राप्त नहीं किए जा सकते हैं, यहां तक कि अनुपालन के लिए कोई सख्त नियम लागू किए बिना भी आम लोगों को पर्याप्त समय नहीं दिया जा सकता है।

अब हम विद्युत चालित रसोई उपकरणों (Kitchen Appliances) से बहुत परिचित हैं। यह तो हम जानते ही हैं कि कुछ दशकों में बिजली से चलने वाले कई घरेलू उपकरण आम भारतीयों की रसोई में दाखिल हो गये हैं। जाने-अनजाने हम सभी अलग-अलग राष्ट्रीय उद्देश्यों की पूर्ति में योगदान दे रहे हैं। यह हम जानते हैं कि अन्य पेट्रो उत्पादों की तरह, **रसोई गैस-एलपीजी (LPG)** का भंडार सीमित है, पहले से ही अलग-अलग मौकों पर हममें से कई लोगों को एलपीजी की अनियमित आपूर्ति के कारण संकट का सामना करना पड़ा है, इसलिए अब अलग तरीके से सोचने का समय आ गया है। हमारा मानना है कि जल्द ही समय आएगा जब लोग **इलेक्ट्रिक केतली** (Electric Kettle), **इंडक्शन**

कुकर (Induction Cooker), **माइक्रो ओवन** (Microven), OTG, **इलेक्ट्रिक टोस्टर** (Electric Toaster) आदि जैसे बिजली से चलने वाले रसोई उपकरणों का उपयोग करने में अधिक आश्वस्त महसूस करेंगे। हमें अपनी खाना पकाने की प्रणालियों को बदलना पड़ सकता है, हम आंशिक रूप से प्रसंस्कृत रसोई उपकरणों का उपयोग कर सकते हैं। भोजन ताकि भविष्य में पारंपरिक खाना पकाने की व्यवस्था की अधिक आवश्यकता न हो।

इस प्रकार के विद्युत चालित उपकरणों को अपनाने से गैस LPG (एलपीजी) आधारित ओवन (Oven) का उपयोग बहुत कम हो जाएगा और ऐसा समय आएगा जब हमें अपनी रसोई में गैस ओवन की आवश्यकता नहीं होगी, यह स्थिति के समान होगी जिसमें कोयले या लकड़ी आधारित ओवन या इसी तरह के ओवन की आवश्यकता नहीं होगी। व्यवस्था. मेरा मानना है कि सरकारी विभागों के पास देशवासियों के चेहरों पर सच्ची खुशी के साथ पर्यावरण सुरक्षित देश बनाने का निश्चित दृष्टिकोण है। **2047** में जब पूरा देश **देश की गौरवशाली आजादी की शताब्दी** मनाएगा तब देश के राष्ट्रपति और प्रधानमंत्री हमारे देश के उन दूरदर्शी लोगों को पहचानेंगे जिन्होंने देश में पर्यावरण को बेहतर बनाए रखने के बारे में सोचा था। जो लोग हमें सही दिशा में ले जा रहे हैं, उनके प्रति बहुत सम्मान के साथ यह पत्र यहीं समाप्त किया जा रहा है।

आज मैं अनेक आशाओं और अपेक्षाओं के साथ यहां अपनी बात समाप्त कर रहा हूं। इस पत्र के अंत में,आसानी से समझने के लिए संबंधित विषयों पर आधारित कुछ तस्वीरें या चित्र को लिए संलग्न कर रहा हूँ।

सभी शुभकामनाओं के साथ, तुम्हारे - बाबा (पापा)

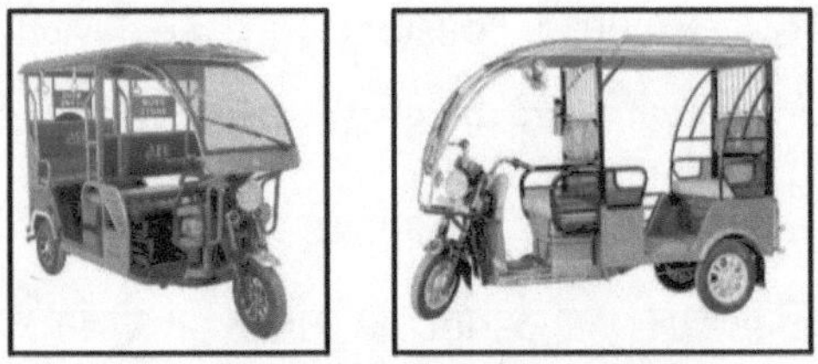

बैटरी चालित साइकिल रिक्शा

बैटरी चालित वातानुकूलित इलेक्ट्रिक बस

विद्युत चालित रसोई उपकरणों

100 YEARS
विकसित भारत
अभियान
1947 TO 2047

100 YEARS
DEVELOPED
INDIA
MISSION
1947 TO 2047

हमारे देश का भविष्य

हर घर तरंगा

“जय माँ”

19th August 2022
Kolkata – 700047

प्यारी पुत्री दुर्गा,

आज **कृष्ण जन्माष्टमी,** इस शुभ अवसर पर मैं तुम्हें आने वाले महीनों में और अधिक उत्सव के दिनों की शुभकामनाएं देता हूं। दो सप्ताह की अवधि के अंदर यह मेरा दूसरा पत्र है। यह फिर से एक विषय आधारित पत्र होगा लेकिन इस बार मेरे पत्र में विषय वस्तु पिछले बार से अलग होगी। आज मेरे मन में कुछ अलग विचार आ रहे हैं, आशा है कि मैं व्यक्तिगत पत्र में कुछ सीमित शब्दों का उपयोग करके अपनी भावनाओं को व्यक्त कर पाऊंगा, भले ही लंबे पत्र लिखना एक पुरानी आदत है।

आज मुझे यह बताते हुए बहुत खुशी हो रही है कि के राष्ट्रव्यापी उत्सव, **हर घर तेरांगा** के रूप में, हमारे नए बहुमंजिला अपार्टमेंट (Multistoried Apartments) के हम सभी निवासियों ने लगातार तीन दिनों तक हमारी बिल्डिंग का शीर्ष स्थान पर **गौरवशाली तिरंगे राष्ट्रीय ध्वज** फहराने का जश्न मनाया है। शाम को घर पर अपने कंप्यूटर के सामने बैठकर और कुछ लोकप्रिय देशभक्ति गीत बजाते समय मेरे मन में हमारे प्यारे देश के लिए कुछ विशेष भावनाएँ उत्पन्न हुई। उस समय मुझे देश भर में **सरकारी प्रतिष्ठानों द्वारा** किये जा रहे **विभिन्न विकास कार्यों** के बारे में भी कुछ अलग ही अहसास हुआ था। मुझे हमारे देश के भीतर अलग-अलग जगहों पर रहने के अपने या अपने पुराने दिन याद आने लगे, कल्पना से मैं तुरंत अपने स्कूल के खेल के मैदान में पहुँच गया और फिर से मेरे कॉलेज के दिनों के कुछ पल मेरी स्मृति में और भी

प्रमुख हो गए। मैंने उन स्थानों के बारे में सोचा जहां मैं/हम वर्षों तक एक साथ रहे या विभिन्न अवसरों पर गए। अगर हम अपने बीते दिनों को याद करने लगें या किसी बुजुर्ग व्यक्ति से बात करें तो हमें समझ आ जाएगा कि, *"उन दिनों रहन-सहन के हालात कैसे थे..?", "बहुत पहले क्या-क्या चीजें उपलब्ध थीं..?", "लोग कैसे थे अनेक सीमाओं के साथ उनकी आवश्यक आवश्यकताओं का प्रबंधन किया...? ?,* हां, वो बातें या वो पल आज अविश्वसनीय लग सकते हैं लेकिन उन दिनों ये हकीकत थी।

उस शाम मैंने उन दिनों को याद करने की कोशिश की, अभी से ठीक 50 साल पहले यानी वर्ष **1972** जब पूरे देश ने **देश की आज़ादी की रजत जयंती** मनाई थी। एक स्कूल के छात्र के रूप में, अन्य लोगों के साथ मैंने विभिन्न खेल आयोजनों में भाग लिया होगा जो देर दोपहर तक जारी रहा होगा, उसके बाद घर पहुंचने पर मैं बिस्तर पर चला गया होगा क्योंकि उन दिनों यहां शाम को कोई दिलचस्प या विशेष कार्यक्रम नहीं होता था। अभी भी यह मेरी स्मृति में है कि उस विशेष वर्ष में हमारे शहर Calcutta (वर्तमान Kolkata, बोलने के लिए - कोलकाता) में कोई **टेलीविजन** स्टूडियो नहीं था, यानी मेरे लिए टेलीविजन सेट के सामने बैठने का कोई मतलब नहीं था। एक स्कूली छात्र के रूप में, मुझे टेलीविजन सेट (Television Set) और विभिन्न टेलीविजन कार्यक्रमों की उपयोगिता के बारे में बंगला में कुछ जानकारी पाठ्य पुस्तकों (বাংলা রচনা বই) से मिला था। मुझे याद है कि उस विशेष दिन (शाम) मैंने अपने घर पर टेलीविजन रखने का सपना देखा था, शायद तीन साल के भीतर **कोलकाता दूरदर्शन केंद्र** की स्थापना की गई जिसमें शाम को दो घंटे या उससे भी अधिक समय के लिए दैनिक टेलीविजन कार्यक्रम होते थे। जैसा कि मुझे आज याद है, उन दिनों प्रत्येक

सप्ताहांत में दोपहर में कुछ टीवी कार्यक्रम (बंगाली और हिंदी फिल्में दिखाने वाले) होते थे। हमारे घर पर कोई टेलीविज़न सेट नहीं था, अपने दोस्तों और अन्य लोगों की तरह, मैं अलग-अलग मौकों पर अलग-अलग व्यक्तियों के घरों में गया, जो हमारे इलाके में भी नहीं थे। बाद में, शायद पिछली सदी के अस्सी के दशक की शुरुआत में, जब हमारे घर पर **ब्लैक एंड व्हाइट** (Black & White) **टेलीविज़न सेट** था, समय-समय पर हमारे कुछ पड़ोसी और मेरे कुछ दोस्त भी कोलकाता दूरदर्शन केंद्र के विभिन्न कार्यक्रमों का आनंद लेने के लिए हमारे घर आते थे, अब हो सकता है कि यह तुम्हें Short Stories जैसा लगे लेकिन यह हमारे स्कूल के दिनों की वास्तविकता थी।

समय बीतता गया, कई बदलाव हुए जब हमें अपने घर पर B & W टेलीविजन सेट पर टीवी कार्यक्रम देखने का अवसर मिला, तब विभिन्न टीवी कार्यक्रमों का अधिक आनंद लेने के लिए हमने **कलर ट्रांसमिशन** (Colour Transmission) और हमारे परिवार के सभी सदस्यों के लिए और दूसरों के लिए भी एक **रंगीन टीवी** (Colour TV) सेट का सपना देखना शुरू कर दिया था। हाँ, कुछ ही वर्षों में मुझे उन सपनों के साकार होने का एहसास हुआ, वर्ष **1972** में, मैंने साधारण टेलीविजन कार्यक्रम का सपना देखा था, लेकिन वर्ष **1982** में, हमने मेरे एक दोस्त का घर पर रंगीन टेलीविजन पर **विशेष अंतर्राष्ट्रीय खेल आयोजनों (ASIAD -1982)** का आनंद लिया। अब मैं जरूर कह सकता हूं की ऐसी चीजें इसलिए हुईं क्योंकि तत्कालीन भारत सरकार के अधीन विभिन्न विभागों का **भविष्य का भारत** या आधुनिक भारत के लिए निश्चित उद्देश्य था। चूंकि हम **आजादी के 75 वर्ष** पार कर चुके हैं, इसलिए स्वाभाविक रूप से हमारे पास बहुत स्पष्ट Vision या लक्ष्य होना चाहिए और ऐसे कई सपनों को

रूप में साकार करना चाहिए। तुम्हें और तुम्हें जैसे इस पीढ़ी के लोगों को हमारे सरकारी विभागों और साथ-साथ विभिन्न गैर-सरकारी संगठनों से भी अधिक उम्मीदें हैं।

विभिन्न क्षेत्रों में अलग-अलग प्रौद्योगिकियाँ पहले ही विकसित हो चुकी हैं और यह एक सतत प्रक्रिया है और यह बहुत तेज़ भी है। मैं / हम मानते हैं कि विभिन्न सरकारी विभागों के विभिन्न प्राधिकारियों के पास आने वाले वर्षों की जरूरतों को पूरा करने के लिए विभिन्न गतिविधियां और भागीदारी है, यहां तक कि जो कुछ भी हम आज सपना नहीं देख सकते हैं, उन्होंने बेहतर कल के लिए योजना बनाई होगी। आज से पचास साल पहले मैंने साधारण टेलीविजन कार्यक्रम का सपना देखा था, अब अनेक सुविधाओं के साथ उपलब्ध **मोबाइल फोन** ने आम नागरिक के जीवन की अवधारणा को ही बदल दिया है। वर्तमान समय में **डिजिटल इंडिया** (Digital India) ने हमारी विभिन्न दैनिक गतिविधियों में महत्वपूर्ण परिवर्तन लाये हैं।

मुझे विश्वास है, हमारे प्यारे देश की आजादी के **100 साल** का जश्न मनाने से पहले ही लोकप्रिय **डिजिटल इंडिया** (Digital India) **डिजिटल अर्थ** (Digital Earth) यहां तक कि **डिजिटल यूनिवर्स** (Digital Universe) का **मास्टर कंट्रोलर** (Master Controller) बन जाएगा और पूरी दुनिया उसी राह पर चलेगी। आज के **डिजिटल इंडिया** के माध्यम से उनकी विभिन्न आवश्यकताओं को पूरा किया जा सकता है। मुझे उम्मीद है कि हमारे दूरदर्शी राष्ट्रीय नेताओं के मार्गदर्शन में सभी विभिन्न श्रेणियों के लोगों की सक्रिय भागीदारी से कल के लिए मेरा दृष्टिकोण साकार होगा।

इस वर्ष हमने **हर घर तेरंगा** को अपने **राष्ट्रीय गौरव** के रूप में मनाते हुए **स्वतंत्रता की 76वीं वर्ष** मनाई है, अब उस अवधि की कल्पना करें जब

सभी भारतीय अपने प्यारे देश भारत की स्वतंत्रता की गौरवशाली शताब्दी मनाएंगे। हमारा देश बहुत विशाल है, बहुत कुछ है देशवासियों के जीवन के हर क्षेत्र में विविधताएँ हैं। हमारे अनेक सपनों को साकार करने के लिए आगे बढ़ने के अनेक रास्ते हैं। इस हेतु हम सभी को देश के समग्र विकास के स्पष्ट लक्ष्यों को ध्यान में रखते हुए सोचना भी चाहिए और मिलकर काम भी करना चाहिए। यदि हमारी दृष्टि स्पष्ट होगी तो हम सही समय पर सही निर्णय ले सकेंगे। कल के बेहतर भारत के सपनों को साकार करने के लिए हमें बहुत ही व्यवस्थित तरीके से आगे बढ़ना होगा और वह भी अलग-अलग क्षेत्रों में एक साथ। योगदान करने के कई तरीके हैं या हम सोच सकते हैं और वांछित लक्ष्य प्राप्त करने के लिए अपने प्रयास कर सकते हैं। अनेक आशाओं और अपेक्षाओं के साथ आज का दिन यहीं समाप्त कर रहा हूं... । जब भी उचित समय मिलेगा हम विस्तार से चर्चा कर सकते हैं। मैं तुम से अनुरोध करूंगा कि तुम अपना समय निकालकर हमारे देश के विभिन्न सरकारी विभागों और अन्य संगठनों द्वारा किए गए विभिन्न विकासात्मक कार्यों के बारे में अलग-अलग जानकारी खोजें, तुम्हें बहुत सी ऐसी बातें पता होंगी जिनके बारे में हमने पहले केबल सुने होंगे।

आज मैं अनेक आशाओं और अपेक्षाओं के साथ यहां अपनी बात समाप्त कर रहा हूं। इस पत्र के अंत में,आसानी से समझने के लिए संबंधित विषयों पर आधारित कुछ तस्वीरें या चित्र को लिए संलग्न कर रहा हूँ।

सभी शुभकामनाओं और आशीर्वाद के साथ,

तुम्हारे - बाबा (पापा)

Black & White और Colour टेलीविज़न

नवम एशियाई खेल दिल्ली
IX ASIAN GAMES
DELHI 1982

अंतर्राष्ट्रीय खेल (ASIAD-1982) की आयोजन

हर घर तिरंगा

ना झुका है ना झुकने देंगे,
यह राष्ट्रध्वज तिरंगा हर घर फहराएंगे।

Azadi Ka Amrit Mahotsav
Har Ghar Tiranga
13th-15th August 2022

हर घर तेरंगा – 2022

Digital India
Power To Empower

वर्तमान भारत की पहचान

राष्ट्रीय सौर मिशन

जय माँ

31 अगस्त 2022 (गणेश चतुर्थी)
कोलकाता

प्यारी पुत्री दुर्गा,

लगभग दो सप्ताह के अंतराल के बाद मैंने तुम्हारे नाम पर एक और पत्र लिखना शुरू किया है, उसी महीने में यह मेरा तीसरा पत्र है। मैं जानता हूं कि हमेशा की तरह यह पत्र भी लंबा हो सकता है क्योंकि मैं पत्रों के रूप में अपने शब्दों का अलग-अलग से उपयोग करके अपने विचार व्यक्त करना में आसान महसूस करता हूं। चूँकि मैं स्वीकार करता हूँ कि यह मेरा पत्र बंगला में नहीं है इसलिए में विभिन्न वाक्यों के लिए शब्दों के चयन में कुछ सीमाएँ हैं। मैंने तुम्हें पत्र लिखने के लिए कुछ विषय जरूर तय किए हैं, लेकिन में हमारे स्थान, कोलकाता पर इस वर्ष दुर्गा पूजा के उत्सव के बारे में अलग-अलग चीजों के सोच रहा हूं। मुझे लगता है कि मैंने पहले ही अपने पिछले पत्र में तुम्हें दुर्गा पूजा के दौरान कुछ दिनों के लिए कोलकाता आने के बारे में उल्लेख किया था, यहां भी वैसा ही है, हमें उम्मीद है कि तुम उस दौरान हमारे साथ लगभग एक सप्ताह का समय बिताने के लिए अपने समय का प्रबंधन करने में सक्षम होंगे।

आज मुझे लगभग सत्रह साल पहले पश्चिम बंगाल के दुर्गापुर में रहने के वे दिन विशेष रूप से याद आ रहे हैं, जब CSIR-Central Mechanical Engineering Research Institute) संस्थान परिसर के भीतर और के आवासीय क्षेत्रों में भी विभिन्न स्थानों पर दस **स्टैंड एलोन** (Stand Alone) प्रकार की सौर ऊर्जा चालित आउटडोर प्रकार की लाइटिंग फिटिंग (Solar

Powered Outdoor type Lighting Fittings) स्थापित करने की गतिविधियों में मेरा प्रत्यक्ष भागीदारी था। तुम जानती हो कि एक इलेक्ट्रिकल इंजीनियर के रूप में CSIR-CMERI, Durgapur में मेरा कार्यकाल लगभग चार साल का था और मैंने वहां CSIR-Engineering Services Division (CSIR- ESD) नई दिल्ली से ट्रांसफर पोस्टिंग पर काम किया था। इसके बाद सेवा से मेरी सेवानिवृत्ति तक CSIR- Indian Institute of Chemical Biology (CSIR-IICB) कोलकाता मेरा कार्यस्थल बना रहा। बीस साल से अधिक समय बीत चुका है और मैं पहले ही CSIR Service से Retirement हो चुका है पर लंबे वर्षों की कई यादें अभी भी ताजा हैं, मुझे वास्तव में हमारे देश के भीतर विभिन्न स्थानों पर रहने के अपने और पुराने दिनों को याद करने में आनंद आता है। आज मैं कह सकता हूं कि 2004-2008 चार साल की अवधि के भीतर तुमने नई दिल्ली, दुर्गापुर और कोलकाता में स्थित तीन अलग-अलग केंद्रीय विद्यालयों में अध्ययन किया। जैसा कि सितंबर 2008 के महीने में, ट्रांसफर पोस्टिंग के कारण कोलकाता स्थित CSIR- Indian Institute of Chemical Biology (CSIR-IICB) में शामिल होने का समय **केन्द्रीय विद्यालय कमांड हॉस्पिटल** (K V Command Hospital), अलीपुर में तुम्हें Admission मिल गया था।

उस अवधि (2005-2008) के दौरान जब हम दुर्गापुर में थे, तब **सौर विद्युत चालित** या अधिक विशेष रूप से बाहरी स्थानों के लिए Solar Power Lighting system वहाँ और क्षेत्र के अन्य स्थानों पर भी आम नहीं थीं। सी.एम.ई.आर.आई दुर्गापुर (CSIR-CMERI, Durgapur) में पूरी तरह से **स्वतंत्र या स्वचालित सौर ऊर्जा चालित** Outdoor Lighting system स्थापित करने की नई अवधारणा के लिए अलग-अलग पृष्ठभूमि के लोगों ने

अपने-अपने तरीके से मेरी सराहना की। उन दिनों स्कूली छात्रों सहित विभिन्न व्यक्तियों से बातचीत हुई, जो **सौर ऊर्जा संचालित प्रकाश प्रणालियों** (Lighting Systems) के बारे में जानने में रुचि रखते थे। मुझे अभी भी वे दिन याद हैं जब मुझे अपने कार्यस्थल में सौर ऊर्जा चालित Lighting systems स्थापित करने का कारण से कुछ अलग ही संतुष्टि महसूस हुया था।

ऊपर उल्लिखित अवधि के दौरान तुम सी.एम.ई.आर.आई कॉलोनी के अंदर स्थापित केंद्रीय विद्यालय, (KV CMERI Colony) के छात्रा थी और मैं CSIR-CMERI, Durgapur के एक इंजीनियर के रूप में स्कूल के प्रिंसिपल और वहां के विभिन्न शिक्षकों के साथ नियमित संपर्क में रहा करते थे। विभिन्न अवसरों पर उन्होंने स्कूल परिसर के बाहरी स्थानों पर कुछ सौर ऊर्जा चालित Lighting Fittings लगाने की इच्छा व्यक्त की। समय-समय पर मैं उन्हें सोलर लाइटिंग सिस्टम के प्रकार और उनकी अनुमानित लागत से संबंधित सभी अलग-अलग जानकारी देता राहू। जैसा कि मैंने समझा कि KV CMERI Colony के स्कूल प्राधिकरण ने सौर ऊर्जा संचालित Lighting system स्थापित करने के लिए कुछ आधिकारिक प्रक्रियाएं शुरू की हैं । जैसा कि September 2008 के महीने में, ट्रांसफर पोस्टिंग के कारण मुझे दुर्गापुर से स्थानांतरित कर दिया गया था और उनसे मेरा ज्यादा संपर्क नहीं रहा, हो सकता है बाद में KV CMERI Colony ने स्कूल परिसर में सौर विद्युत ऊर्जा के उपयोग का लक्ष्य हासिल कर लिया होगा।

CSIR-IICB में मेरे शामिल होने के चार पांच महीने की अवधि के भीतर मेरी सिफारिश के आधार पर संस्थान प्राधिकरण ने संस्थान परिसर बगीचों, लॉन (Lawns and Gardens) और कुछ खुले क्षेत्रों के लिए **स्टैंडअलोन**

(Standalone) प्रकार के सौर ऊर्जा चालित Lighting system स्थापित करने का निर्णय लिया। यहां भी सौर विद्युत ऊर्जा के उपयोग और मासिक बिजली परिवर्तन में मितव्ययिता लाने की अवधारणा को विभिन्न श्रेणियों के लोगों द्वारा सराहा गया। उसी समय पर CSIR-IICB का दौरा करने वाले विभिन्न संगठनों के कुछ अधिकारियों ने वहां सौर ऊर्जा प्रकाश व्यवस्था की व्यवस्था को देखकर अपने कार्यालय / संस्थान परिसरों के लिए प्रोत्साहित महसूस किया और समय-समय पर मैंने हमारे संस्थान की ओर से कुछ तकनीकी सहायता किया था। समय के साथ-साथ विभिन्न सौर विद्युत और सौर तापीय ऊर्जा के उपयोग के क्षेत्र में कई बदलाव आए, मैंने उक्त क्षेत्र में तकनीकी उन्नयन का अध्ययन करने के लिए अपने समय का प्रबंधन करने की कोशिश किया था।

अब से लगभग दस वर्ष पहले एक बार मैंने पश्चिम बंगाल सरकार के **विज्ञान एवं प्रौद्योगिकी विभाग** द्वारा आयोजित राज्य स्तरीय **विज्ञान एवं प्रौद्योगिकी कांग्रेस** (West Bengal State Science & Technology Congress) में भाग लिया था। यहां **पोस्टर प्रदर्शनी** के तहत सौर ऊर्जा पर चार पोस्टर थे, उस अवसर पर मैंने स्कूल और कॉलेज के छात्रों सहित कई लोगों के साथ बातचीत की, मुझे आम लोगों के बीच सौर ऊर्जा संचालित Lighting Systems और घरेलू उपकरणों के उपयोग और उपलब्धता के बारे में जानने में सच्ची दिलचस्पी दिखी। विज्ञान कांग्रेस के उस सत्र के बाद मेरी इच्छा था आम लोगों के लिए बंगला में सौर ऊर्जा के अनुप्रयोगों पर कुछ दस्तावेज़ तैयार करने की। हालाँकि उस समय मैंने काम करना शुरू कर दिया था, लेकिन मैं उस उद्देश्य के लिए अपना समय प्रबंधित नहीं कर सका, इसलिए बंगला में मेरे दस्तावेज़ीकरण कार्यों (Documentation Works) में बहुत प्रगति नहीं हुई। यहां मैं कह सकता हूं सी.एस.आई.आर (CSIR) सेवा से मेरी सेवानिवृत्ति के बाद मैं ही **बंगला**

में सौर ऊर्जा के अनुप्रयोगों पर एक पुस्तक को आकार देने में सही समय मिला था। मुझे उम्मीद है कि मैं कुछ महीनों के भीतर अपना काम पूरा कर पाऊंगा। यदि उस पुस्तक के प्रकाशन के लिए कोई महत्वपूर्ण प्रगति हुई है तो मैं तुम्हें बताऊंगा।

मैंने आपको पहले बताया है कि वर्ष 2005 में, CSIR- CMERI, दुर्गापुर के एक इंजीनियर के रूप में, वहां सौर ऊर्जा संचालित प्रकाश प्रणाली (Outdoor Lighting System) की शुरुआत में मेरी कुछ भूमिका थी। वर्तमान समय में CSIR-CMERI, दुर्गापुर के पास विभिन्न अनुप्रयोगों के लिए सौर विद्युत ऊर्जा के प्रभावी उपयोग के लिए **कई आधुनिक प्रौद्योगिकियां** उपलब्ध हैं। आज मुझे यह बताते हुए खुशी हो रही है कि CSIR से मेरी सेवानिवृत्ति से एक वर्ष से अधिक समय पहले ही, CSIR- IICB के जादवपुर परिसर में **180 किलोवाट** (kW) की उत्पादन क्षमता का एक **आधुनिक सौर ऊर्जा संयंत्र** (Rooftop type Solar Power Plant) पूरी तरह से चालू हो गया था।

यहां काम भारत सरकार की महत्वाकांक्षी परियोजना, **राष्ट्रीय सौर मिशन** (National Solar Mission) के अंतर्गत था। उस समय पर आवश्यक तकनीकी पर्यवेक्षण सहित परियोजना निगरानी और विभिन्न अंतर-संबंधित गतिविधियों के में मेरा सीधी भागीदारी रहा। तुम्हें यह जानकर आश्चर्य होगी कि उस **रूफटॉप** (Rooftop type) **सौर ऊर्जा संयंत्र** से उत्पन्न विद्युत ऊर्जा का उपयोग करके हमारे संस्थान (CSIR-IICB) ने बिजली बिल में भारी मात्रा में बचत की, जो की **प्रति माह 80,000 रुपये से 90,000 रुपये** तक थी। जब उपर्युक्त सौर ऊर्जा संयंत्र स्थापित किया गया था, उसी अवधि के दौरान विभिन्न उत्पादन क्षमताओं के छत पर सौर ऊर्जा संयंत्र (Rooftop Solar Power Plants) स्थापित किए गए और देश के विभिन्न हिस्सों में स्थित 16

सी.एस.आई.आर प्रयोगशालाओं (CSIR Laboratories) और सी.एस.आई.आर की स्थापनाओं में विद्युत ऊर्जा के स्रोत के रूप में कार्यात्मक हो गए। उस अवधि के दौरान (2019-2020) स्थापित सौर ऊर्जा संयंत्रों से सीएसआईआर प्रयोगशालाओं की कुल बिजली **उत्पादन क्षमता 5400 - 5500 मेगा वाट** (Mega Watt) की सीमा में थी, जिसके लिए हम कह सकते हैं, यह वास्तव में एक महत्वपूर्ण आंकड़ा था। उन सौर ऊर्जा संयंत्रों से उत्पन्न विद्युत ऊर्जा का उपयोग करके सी,एस,आई,आर ने प्रति वर्ष **करीब करीब 27.00 करोड़ से 27.50 करोड़ रुपये** की बचत की। मुझे नहीं लगता कि सौर ऊर्जा संयंत्रों के तकनीकी विवरणों को विस्तार से बताना उचित है, मैं आपसे केवल उस राशि के बारे में सोचने के लिए कहूंगा जो केवल बिजली बिल से बचत हुया था। अब तुमहरे मन में प्रश्न हो सकता है,*इस प्रकार की **रूफ टॉप सौर ऊर्जा योजना** स्थापित करने में कितनी लागत आई? क्या कुल व्यय सी.एस.आई.आर (नई दिल्ली) या अन्य सरकारी विभागों द्वारा पूरा किया गया था?* इन सवालों का जवाब देने के लिए आपको कई बातें बतानी हैं लेकिन मैं अलग-अलग आंकड़े बताना उचित नहीं समझता। यहां मैं केवल इतना ही कह सकता हूं, **ये सौर ऊर्जा संयंत्र बिल्कुल मुफ्त में स्थापित किए गए थे,** CSIR ने अपेक्षाकृत बहुत कम राशि प्रदान की थी और वह भी केवल मौजूदा विद्युत प्रणालियों में आवश्यक संशोधन (Modification in existing Power supply system) के लिए। यहां उदाहरण के लिए मैं कह सकता हूं, CSIR- IICB के जादवपुर परिसर में **180 Kilo Watt (Peak)** रूफ टॉप सौर ऊर्जा संयंत्र की स्थापना की कुल लागत लगभग 9.50 करोड़ रुपये थी, लेकिन CSIR या CSIR-IICB द्वारा किया गया कुल व्यय केवल **लगभग 6.00 लाख रु** था।. यहां तुम मुझसे कोई भी सवाल

पूछने से पहले तुम्हें यह बता देंगे कि ऐसा कैसे संभव है। यह उल्लिखित **राष्ट्रीय सौर मिशन** के प्रावधानों के अनुसार संभव हुआ है, जहां छत पर सौर ऊर्जा संयंत्र स्थापित करने के लिए सौर ऊर्जा संयंत्रों को स्थापित करने और बनाए रखने का अनुभव रखने वाले विभिन्न **गैर-सरकारी संगठनों (कंपनियों)** को अपनी लागत पर सौर ऊर्जा संयंत्र (Solar Power Plant) स्थापित करने की अनुमति है।

और उन फर्मों (कंपनियों) को स्थापित बिजली संयंत्रों से उत्पन्न बिजली को सरकारी विभागों (वर्तमान मामले में यह CSIR- IICB Kolkata) को बेचने की अनुमति था या अभी है हैं। ऐसी कंपनियों को संक्षेप में **RESCO** (Renewable Energy Services Company) या नवीकरण ऊर्जा सेवा कंपनी के रूप में वर्णित किया जाता है । हमारे मामले में इस उद्देश्य के लिए CSIR-IICB ने बेंगलुरु स्थित एक **RESCO** से विद्युत ऊर्जा खरीदने के लिए विद्युत खरीद समझौते **(Power Purchase Agreement - PPA)** पर हस्ताक्षर किए। बिजली उत्पादन और सेवा प्रदाता के रूप में चयनित **RESCO** स्थापित को उचित स्थिति में रखती है, यहां विभाग या CSIR प्रयोगशाला के लिए कोई अतिरिक्त खर्च नहीं होता है, इसलिए यह काफी फायदेमंद है। उपर्युक्त समझौता बीस वर्षों के लिए है, उसके बाद RESCO के पास उस समय की आवश्यकता को पूरा करने के लिए **संचालन के साधन और आवश्यक संशोधन** और **उन्नयन का निर्णय** लेने के लिए सौर ऊर्जा संयंत्र, सरकारी विभाग / सी.एस.आई.आर का स्वामित्व नहीं होगा। देश के विभिन्न हिस्सों में सौर विद्युत ऊर्जा के उत्पादन और उपयोग के विभिन्न पहलू हैं। जब उक्त सौर ऊर्जा संयंत्रों से **उत्पन्न विद्युत ऊर्जा विभाग या प्रतिष्ठान की आवश्यकता से अधिक हो जाती है तो अतिरिक्त बिजली को स्थानीय विद्युत वितरण कंपनी या विद्युत**

आपूर्ति प्राधिकरण को बेचने का प्रावधान है और उस उद्देश्य के लिए विशेष प्रकार के विद्युत ऊर्जा मीटर का उपयोग किया जाता है। स्थापित, इस व्यवस्था को आमतौर पर **नेट मीटरिंग सिस्टम** (Net Metering System) कहा जाता है। ।

मैं तुम्हें अनुरोध करूंगा कि तुम अपना समय निकालकर राष्ट्रीय सौर मिशन के डिजिटल प्लेटफॉर्म (Web Portal) में उल्लिखित विवरणों को देखो , तुम **सौर विद्युत के उत्पादन, वितरण और उपयोग** की अवधारणा के बारे में और भी बहुत कुछ जान पाओगी। हमारे देश में शक्ति. यहां मैंने **राष्ट्रीय सौर मिशन** (National Solar Mission) के केवल कुछ बिंदुओं का उल्लेख करने का प्रयास किया है, अन्य विवरणों के लिए आपको पर्याप्त समय चाहिए लेकिन विषय काफी दिलचस्प है। संक्षेप में मैं कह सकता हूं, **राष्ट्रीय सौर मिशन** के उद्देश्य न केवल वर्तमान समय के लिए हैं बल्कि भविष्य या आने वाले वर्षों के लिए।

वर्तमान समय में आम लोग हमारे विभिन्न प्रयोजनों के लिए बिजली की उपलब्धता को तो बहुत महत्व देते हैं, परंतु वे यह नहीं सोचते कि उस विद्युत शक्ति के स्रोत क्या हैं और बिजली उनके विभिन्न अनुप्रयोगों के बिंदुओं तक कैसे पहुंचती है। उनके लिए थर्मल पावर प्लांट, पावर या किसी न्यूक्लियर पावर स्टेशन या किसी ग्रिड से जुड़े सौर ऊर्जा पार्क से बिजली का उत्पादन ज्यादा मायने नहीं रखता है, लेकिन मुझे लगता है कि आप जैसे व्यक्ति को विद्युत उत्पादन की वर्तमान स्थिति के बारे में कुछ जानकारी होनी चाहिए। और विभिन्न पारंपरिक प्रकार के ईंधनों का उपयोग। यहां मैं आपसे **विद्युत ऊर्जा के उत्पादन और वितरण** के संदर्भ में हमारे देश की स्थिति के बारे में अधिक जानने के लिए अपना समय देने का अनुरोध करूंगा। अब विभिन्न क्षमताओं के सौर विद्युत ऊर्जा संयंत्रों का उपयोग करके **भारत का विद्युत उत्पादन विश्व के** अन्य देशों की तुलना में

काफी महत्वपूर्ण है। इस पत्र में मैंने CSIR - भारतीय रसायन संस्थान के जादवपुर परिसर में विद्युत ऊर्जा के उपयोग के उद्देश्य से **स्टैंड अलोन** प्रकार की सौर ऊर्जा Lighting Fittings की स्थापना और एक छत प्रकार के सौर ऊर्जा संयंत्र से विद्युत ऊर्जा के उत्पादन के बारे में संक्षेप में उल्लेख किया है। कोलकाता में जीव विज्ञान, हाँ, ये मेरे लिए महत्वपूर्ण हैं क्योंकि इसकी स्थापना में मेरी कुछ प्रत्यक्ष भागीदारी थी, उन दिनों मैंने अपने प्रतिष्ठानों में यथासंभव किसी प्रकार की ऊर्जा अर्थव्यवस्था लाने के लिए सौर विद्युत ऊर्जा के उपयोग के बारे में सोचा था। मैंने केवल एक सरकारी परियोजना, **राष्ट्रीय सौर मिशन** के नाम का उल्लेख किया है, लेकिन मैं कह सकता हूं, नाम पर्याप्त नहीं है, यह जानने के लिए बहुत सी चीजें हैं कि दुनिया में ऊर्जा क्षेत्र के लक्ष्य को प्राप्त करने के लिए काउंटी किस तरह आगे बढ़ रहा है। यहां इस पत्र में मैंने **राष्ट्रीय सौर मिशन** के केवल कुछ बिंदुओं का उल्लेख किया है, लेकिन अन्य विवरणों के लिए आपको पर्याप्त समय चाहिए, मैं आपसे अनुरोध करूंगा कि आप डिजिटल प्लेटफॉर्म (Web Portals) में उल्लिखित विवरणों को पढ़ने के लिए अपना समय दें। राष्ट्रीय सौर मिशन से आप हमारे देश में **सौर विद्युत ऊर्जा के उत्पादन, वितरण और उपयोग की अवधारणा के** बारे में और भी बहुत कुछ जान पाएंगे। संक्षेप में मैं कह सकता हूं कि राष्ट्रीय सौर मिशन के उद्देश्य न केवल वर्तमान समय के लिए हैं बल्कि भविष्य या आने वाले वर्षों के लिए।

राष्ट्रीय सौर मिशन की शुरूआत के लगभग एक दशक की अवधि के भीतर हमारे देश ने सौर **फोटो वोल्टाइक पैनलों** (Photo Voltaic Panels) और मॉड्यूल (Modules) का उपयोग करके विद्युत उत्पादन का पूर्व-निर्धारित लक्ष्य हासिल कर लिया है और अब **हमारी सरकार देश को सौर ऊर्जा में आत्मनिर्भर बनाने** के लिए बहुत महत्वाकांक्षी है। शक्ति। हाल के वर्षों में सौर

विद्युत ऊर्जा का उत्पादन **कई हजार मेगा वाट** (Mega Watt) से अधिक हो गया है, जो थर्मल पावर स्टेशनों में बिजली उत्पादन के लिए कोयले के उपयोग में कमी के संबंध में बहुत महत्वपूर्ण है।

सरकारी और गैर-सरकारी दोनों संगठनों की देश के विभिन्न हिस्सों में कई बड़ी क्षमता वाले सौर ऊर्जा स्टेशन स्थापित करने की अलग-अलग योजनाएँ हैं। इस सरल कथन से हम समझ सकते हैं कि विभिन्न सरकारी विभाग पर्यावरण अनुकूल प्रणालियों के बारे में कितना आगे सोचते हैं।

आज मैं अनेक आशाओं और अपेक्षाओं के साथ यहां अपनी बात समाप्त कर रहा हूं। इस पत्र के अंत में,आसानी से समझने के लिए संबंधित विषयों पर आधारित कुछ तस्वीरें या चित्र को लिए संलग्न कर रहा हूँ।

सभी शुभकामनाओं और आशीर्वाद के साथ तुम्हारे - बाबा (पापा)

दस **स्टैंड एलोन** सौर ऊर्जा चालित आउटडोर लाइटिंग फिटिंग

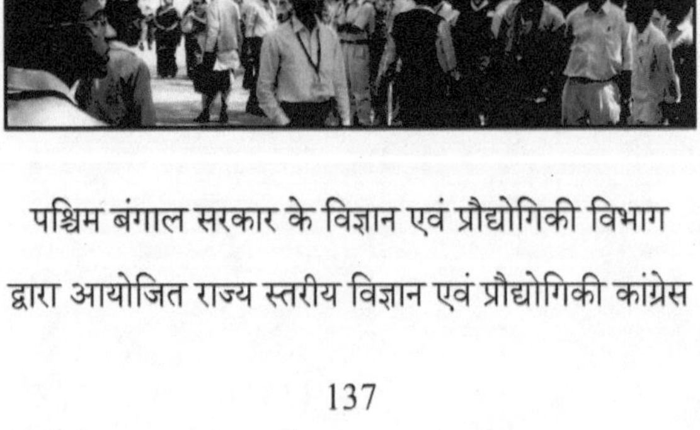

पश्चिम बंगाल सरकार के विज्ञान एवं प्रौद्योगिकी विभाग

द्वारा आयोजित राज्य स्तरीय विज्ञान एवं प्रौद्योगिकी कांग्रेस

Roof Top Solar Power Plants with proposed kWp capacities of CSIR Laboratories

S.N	CSIR Establishments	Place	Proposed Capacity
1	Centre for Cellular and Molecular Biology	Hyderabad	185
2	Central Electrochemical Research Institute	Karaikudi (TN)	315
3	Central Food Technological Research Institute	Mysore	744
4	Central Glass and Ceramic Research Institute	Kolkata	192
5	Central Leather Research Institute	Chennai	360
6	Central Mechanical Engineering Research Institute,	Durgapur	308
7	Indian Institute of Chemical Biology	Kolkata	222
8	Indian Institute of Chemical Technology	Hyderabad	333
9	Institute of Minerals and Materials Technology	Bhubnaneswar	244
10	National Aerospace Laboratories, Kodihalli	Bengaluru	383
11	National Aerospace Laboratories, Belur	Bengaluru	84
12	National Geophysical Research Institute	Hyderabad	253
13	National Institute for Inter-disciplinary Science	Thiruvananthapuram	194
14	National Institute of Oceanography	Dona Paula, Goa	1064
15	Structural Engineering Research Centre	Chennai	435
16	CSIR - Fourth Paradigm Institute	Bengaluru	165

CSIR की रूफटॉप सोलर पावर प्लांट परियोजना

PROJECT REPORT

for Grid Connected Rooftop and Small SPV Power Plants

1	Name of Bidder	: Atria Rooftop LLP
2	RFS no.	: C-2(b)/RFS/704/275/2019
3	Project details (Site location & Address)	: CSIR-IICB-Kolkata-WB : 22°29'50.6"N 88°22'11.5"E
4	Brief about the Rooftop Solar Power Generation System	: Grid Connected Solar Rooftop PV System under RESCO Model.
5	Details of the beneficiary	: CSIR-IICB-Kolkata-WB

Solar Array Layout

Solar PV Module 330Wp x 551 Nos. = 181.83kWp
Connected 19 Modules in Series and 29 Strings in Parallel

Specifications of the Components and Bill of Material/Quantities

Sl.no	Component	Specifications	Quantity
A	Solar PV module	330	545 Nos
A.1	Aggregate Solar PV capacity (kWp)	Poly/Mono, BIS Approved	**180 kWp**
B	Grid Tie inverter (Type and capacity)	String Inverters 30/33/50/92/100kW	2
B.1	Aggregate Inverter capacity (kVA)	String Inverters	180 kW
C	Module mounting structure (Certified by a Structural Engineer (Mandatory for 101 kWp to 500kWp)	Aluminimum/POSCO/HDG Mounting Structure. SS304 Fasterners	**180 kWp**
D	Array Junction Box	Part of Inverter	NA
E	AC Distribution Board	Incomer and 1 Outgoing with Metering, IP65 Enclosure	**180 kWp**
F	Cable (All type)	Copper/Aluminium	1 Set
G	Earthing Kit (maintenance free)	Chemical Earthing	1 Set
H	Meters	Multifunction/Digital	1 No.
I	Online monitoring system	Web based	1 No.
J	Any other component	Cell Based Irradiation Sensor	1 No.
K	Transformer	NA	NA

CSIR-IICB का रूफटॉप सोलर का विवरण

BUILDING NUMBER	Main Building, Library, Lab
LONGITUDE	22°29'50.3"N
LATITUDE	88°22'10.9"E
TOTAL PLANT CAPACITY	181.83 kWp
ROOF TYPE	RCC
SOLAR MODULE RATING	330 Wp
SOLAR MODULE TYPE	POLY CRYSTALLINE
NO. OF MODULES	551 Nos.
MOUNTING STR. TYPE	FIXED
MODULE/ROOF TILT ANGLE	15°
NO. OF MODULES/STRING	19
TOTAL NO. OF STRINGS	29
INVERTER RATING	60KVA
INVERTER QTY.	03
MODULE ORIENTATION	LANDSCAPE
DESIGN WIND SPEED	150kmph
STRUCTURE MATERIAL	HDG/AL/POSCO
Earth Pits (AC,DC & LA)	7Nos.

CSIR-IICB का रूफटॉप सोलर परियोजना का विवरण

रूफ टॉप सौर ऊर्जा के लिए सोलर पानेल

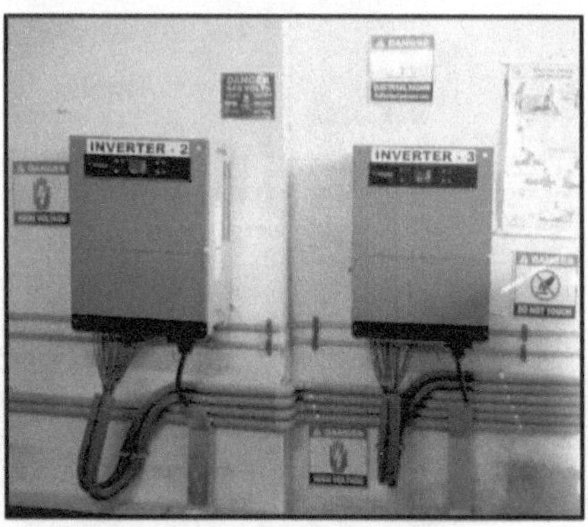

रूफ टॉप सौर ऊर्जा के लिए सौर विद्युत इन्वर्टर (Inverter)

www.ingramcontent.com/pod-product-compliance
Lightning Source LLC
LaVergne TN
LVHW100322210926
848480LV00003B/1218
9798905404443